문학과지성 시인선 151

바늘구멍 속의 폭풍

김기택 시집

문학과지성사에서 펴낸 김기택의 시집

태아의 잠(1991)
소(2005)
갈라진다 갈라진다(2012)
낫이라는 칼(2022)

문학과지성 시인선 151
바늘구멍 속의 폭풍

초판 1쇄 발행 1994년 11월 18일
초판 19쇄 발행 2025년 4월 24일

지 은 이 김기택
펴 낸 이 이광호
펴 낸 곳 ㈜문학과지성사
등록번호 제1993-000098호
주   소 04034 서울 마포구 잔다리로7길 18(서교동 377-20)
전   화 02)338-7224
팩   스 02)323-4180(편집) 02)338-7221(영업)
전자우편 moonji@moonji.com
홈페이지 www.moonji.com

ⓒ 김기택, 1994. Printed in Seoul, Korea

ISBN 89-320-0716-0 02810

이 책의 판권은 지은이와 ㈜문학과지성사에 있습니다.
양측의 서면 동의 없는 무단 전재 및 복제를 금합니다.

문학과지성 시인선 151
바늘구멍 속의 폭풍

김기택

1994

自 序

  한 호흡 늦추고 싶다.
  내 시들은 나와 관계없이 단지 내 육체를 빌려 제 힘으로 나왔는가? 안 나오려는 걸 억지로 끌어내지는 않았는가? 나를 더 드러내려고 지나치게 말을 혹사하고, 말 속에다 내 욕망을 너무 채우려고 하지는 않았는가? 반성해본다.

1994년 11월
김 기 택

바늘구멍 속의 폭풍

차 례

▨ 自 序

밥 생각/11
얼 굴/12
틈/14
졸 음/16
바늘구멍 속의 폭풍/18
고요한 너무나도 고요한/20
한 명의 육체를 위하여/22
먼지의 음악/24
개밥그릇 하나/26
소 2/28
소 3/30
뱀/32
멸 치/34
파 리/36
구로공단역의 병아리들/38
새/40
가 시/41
너무 잘 크는 화초 하나/42
사진 속의 한 아프리카 아이 1/44
사진 속의 한 아프리카 아이 2/45
선거 유세/46

주정뱅이/48
천년 동안의 죽음/50
먹자골목을 지나며/52
울 음/53
병/54
중얼중얼중얼/55
고요하다는 것/56
귀에서 수화기가 떨어지지 않는다/58
망가진 사람/60
계절 관측 동물/62
충돌 직전의 명상/64
돈 키호테, 난지도에 가다/66
주름살/68
무 좀/69
신문 가판대에서/70
실직자/72
김과장/74
마음아, 네가 쉴 곳은 내 안에 없다/78
구두 한 켤레/81
너는 없다/82
술 취한 사람/84
귀/86
바람 부는 날의 시/89
막힌 차도에서/90
나 무/92
전원교향곡/94

나뭇잎 떨어지다/96
알/97
교정 보는 여자/100

▨ 해설 · 텅 빈 무게의 몸 · 이광호/102

밥 생각

차가운 바람 퇴근길 더디 오는 버스 어둡고 긴 거리
희고 둥근 한 그릇 밥을 생각한다
텅 비어 쭈글쭈글해진 위장을 탱탱하게 펴줄 밥
꾸룩꾸룩 소리나는 배를 부드럽게 만져줄 밥
춥고 음침한 뱃속을 따뜻하게 데워줄 밥
잡생각들을 말끔하게 치워버려주고
깨끗해진 머릿속에 단정하게 들어오는
하얀 사기 그릇 하얀 김 하얀 밥
머리 가득 밥 생각 마음 가득 밥 생각
밥 생각으로 점점 배불러지는 밥 생각
한 그릇 밥처럼 환해지고 동그래지는 얼굴
그러나 밥을 먹고 나면 배가 든든해지면
다시 난폭하게 밀려들어올 오만가지 잡생각
머릿속이 뚱뚱해지고 지저분해지면
멀리 아주 멀리 사라져버릴 밥 생각

얼 굴

눈이 피곤하고 침침하여 두 손으로 잠시 얼굴을 가렸다
손으로 덮은 얼굴은 어두웠고 곧 어둠이 손에 배자
손바닥 가득 해골이 만져졌다
내 손은 신기한 것을 감지한 듯 그 뼈를 더듬었다
한꺼번에 만져버리면 무엇인가 놓쳐버릴 것 같아
아까워하며 조금씩 조금씩 더듬어나갔다
차갑고 무뚝뚝하고 무엇에도 무관심한 그 물체를
내 얼굴이 생기기 전부터 있었음직한 그 튼튼한 폐허를

해골의 껍데기에 붙어서
생글거리고 눈물 흘리고 찡그리며 표정을 만들던 얼굴이여
마음처럼 얇디얇은 얼굴이여
자는 일 없이 생각하는 일 없이 슬퍼하는 일 없이
내 해골은 늘 너를 보고 있네
잠시 동안만 피다 지는 얼굴을
얼굴 뒤로 뻗어 있는
얼굴의 기억이 지워진 뒤에도 한참이나 뻗어 있는 긴 시간을

선글라스만한 구멍 뚫린 크고 검은 눈으로 보고 있네

한참 뒤에 나는 해골을 더듬던 손을 풀었다
순식간에 햇빛은 살로 변하여 내 해골을 덮더니
곧 얼굴이 되었다
오랫동안 없어졌다가 갑자기 뒤집어쓴 얼굴이 어색하여
나는 한동안 눈을 깜박거렸다 겨우 눈동자를 되찾아
서둘러 서류 속의 숫자에 초점을 맞추기 시작했다

틈

튼튼한 것 속에서 틈은 태어난다
서로 힘차게 껴안고 굳은 철근과 시멘트 속에도
숨쉬고 돌아다닐 길은 있었던 것이다
길고 가는 한 줄 선 속에 빛을 우겨넣고
버팅겨 허리를 펴는 틈
미세하게 벌어진 그 선의 폭을
수십 년의 시간, 분, 초로 나누어본다
아아, 얼마나 느리게 그 틈은 벌어져온 것인가
그 느리고 질긴 힘은
핏줄처럼 건물의 속속들이 뻗어 있다
서울, 거대한 빌딩의 정글 속에서
다리 없이 벽과 벽을 타고 다니며 우글거리고 있다
지금은 화려한 타일과 벽지로 덮여 있지만
새 타일과 벽지가 필요하거든
뜯어보라 두 눈으로 확인해보라
순식간에 구석구석으로 달아나 숨을
그러나 어느 구석에서든 천연덕스러운 꼬리가 보일
틈! 틈, 틈, 틈틈틈틈틈……
어떤 철벽이라도 비집고 들어가 사는 이 틈의 정체는
사실은 한 줄기 가냘픈 허공이다

하릴없이 구름이나 풀잎의 등을 밀어주던
나약한 힘이다
이 힘이 어디에든 스미듯 들어가면
튼튼한 것들은 모두 금이 간다 갈라진다 무너진다
튼튼한 것들은 결국 없어지고
가냘프고 나약한 허공만 끝끝내 남는다

졸 음

멍청하게 앉아 있는 동안에도 쉬지 않고
목은 힘주어 머리를 떠받치고 있다
졸음이 자꾸 목의 힘을 빼앗아가려 한다
한 순간 목은 긴장된 힘을 놓쳐 머리를 꺾고 만다
머리는 갑자기 무게가 된다
근엄하고 꼿꼿하게 서 있던 무게는
나무에서 떨어지는 사과처럼 引力의 법칙 속으로 들어간다
꾸벅 꺾어지는 무게를 목이 얼른 들어올린다
무게는 다시 머리가 되려고 눈을 깜박거리며
풀어진 수정체를 응축시켜
창밖의 빠른 풍경에게 초점을 맞춘다
그러나 잠은 다시 수정체와 목뼈에서 힘을 빼려 한다
수정체와 목뼈는 서서히 눈과 머리를 놓아버린다
휘청거리는 한 덩어리의 둥근 무게
꾸벅, 옆사람을 밀고, 꾸벅, 의자 모서리에 부딪힐 때마다
꾸우뻑, 허공을 한바퀴 돌 때마다
놀라 고개를 흔들며 머리가 되는 무게
이제 무게는 아예 고개를 꺾은 채

가속도 속을 달리는 의자에 앉아
가속도로 달리는 잠 위에 편안하게 얹혀 있다
버스가 급정거하자 의자는 억센 힘으로 가속도를 잡아당긴다
가속도를 잡아끄는 의자에서
가속도를 못 이긴 무게가 가볍게 떨어져나간다
버스 바닥에 굴러가는 슬픈 무게 한 덩어리

바늘구멍 속의 폭풍

 너무 오랫동안 사용해서 그의 육체는 낡고 닳아 있다. 숨을 쉴 때마다 목구멍과 폐에서 가르랑가르랑 소리가 난다. 찰진 분비물과 오물이 통로를 막아 바늘구멍처럼 좁아진 숨구멍으로 그는 결사적으로 숨을 쉰다. 너무 열심히 숨을 쉬느라 아무것도 생각할 수 없다. 숨이 차면 자주 입이 벌어진다. 벌어진 입으로 침이 질질 흘러나오지만 너무 심각하게 숨을 쉬느라 그것을 닦을 겨를이 없다.

 밤이 되면 숨쉬는 소리 외에는 아무 소리도 들리지 않는다. 목구멍에서 그르렁거리는 낮은 소리는 때로 갑자기 강해져서 거목을 뽑고 지붕을 날려버릴 것처럼 용틀임을 한다. 휘몰아치는 바람의 힘에 흔들려 그의 몸이 세차게 흔들리다가 이윽고 가래와 침을 뚫고 기침이 뿜어져나온다. 기침이 나올 때마다 그는 목을 붙잡고 컹컹 짖으며 방바닥에서 뒹군다. 몸 속에서 한바탕 기운을 쓴 바람은 차츰 조용해져서 다시 허파에 얌전히 들어앉아 가르랑거린다.

 필사적으로 바람을 견디다가 찢어진 비닐 조각처럼,

떨어져 덜컹거리는 문짝처럼, 망가지고 허술해진, 바람을 더 견디기엔 불안한 몸뚱어리를 그는 조심스럽게 침대 위에 눕힌다. 조금이라도 호흡이 거칠어지거나 불규칙하면 몸 속에서 쉬고 있는 폭풍이 꿈틀거린다. 숨이 바늘구멍을 무사하게 통과하게 하느라 그는 아슬아슬 호오호오 숨을 고른다. 불손했고 반항적이었던 생각들과 뜨겁고 거침없었던 감정들로 폭풍에 맞서온 몸은 폭풍을 막기에는 이젠 너무 가볍고 가냘프다. 고요한 마음, 꿈 없고 생각 없는 잠이 되려고 그는 더 웅크린다.

고요한 너무나도 고요한

복잡한 거리에서 우는 아이를 보았다.
아이는 머리통보다도 크게 입을 벌리고
힘차게 어깨를 들먹거리며
벌개진 눈으로 연신 눈물을 흘리고 있었지만
거리에는 울음 소리가 전혀 들리지 않았다.
거리는 너무나 적막하였다.
왜 이렇게 낯이 익을까. 이 침묵은
조금도 이상하지가 않다. 어디에서 많이 본 듯하다.
아마 나는 오래 전부터 잊고 있었던 것 같다.
내 귓구멍을 단단하게 틀어막고 있는 이 고요가
사실은 거대한 소음이라는 것을.
끊임없이 흔들리고 부딪치고 긁히고 떨어지고 부서지는 소리
 아이 울음 하나 새어들어올 틈 없이 빽빽한 이 소리들이
 바로 고요의 정체라는 것을.
 그러나 어찌할 것인가.
 소리들이 돌처럼 내 귓구멍을 단단하게 막아주지 않는다면
 내 불안은 내장처럼 한꺼번에 거리에 쏟아져나오지

않겠는가.
　일시에 소음이 사라져버린다면
　심장이 베일 것 같은 차디찬 정적만이 남는다면
　갑자기 내 내부의 정적은 공포가 되고
　마음속 불안들은 모두 소음이 되어
　내 좁은 머릿속에서 악을 써대지 않겠는가.
　하지만 다행히도 그럴 염려는 없는 것이다.
　아이의 아가리에 가득찬 저 고요,
　아무리 목청을 다해 울어도 소리없는 저 단단한 돌멩이가
　헤드폰처럼 내 두 귀를 굳게 막아주는 한
　나는 아무 소리도 듣지 못할 테니까.
　만취하여 고래고래 돼지 멱 따는 노래를 불러도
　지나가는 사람들에게 욕을 하고 시비를 걸어도
　아무에게도 들리지 않을 테니까.
　이 튼튼하고 편리한 습관은 아늑하기까지 하다.
　마치 꿈속에서 걷고 있는 것처럼.

한 명의 육체를 위하여

달려가던 승용차가 가볍게 들어올리자
사내는 조금도 꾸밈이 없는 동작으로
빙그르 공중에서 몸을 돌리고
전혀 무게를 두려워하지 않고
아스팔트 위로 내리꽂혔다
얇은 가죽으로 막아놓은 60킬로그램의 비린내
안에 들어 있던 분노와 꿈이
일제히 터진 곳에서 쏟아져나왔다
모든 것은 미리 준비해놓은 것처럼
신속하고 완벽하게 제 위치를 찾아갔다
꿈은 흰 쌀밥 위로 오르는 김처럼
모락모락 공손하고 착하게 흰 골을 떠나
거대한 스모그 속으로 스며들었고
분노는 아스팔트 갈라진 틈을 따라
하수도 속으로 얌전하게 흘러 들어갔다
크고 믿음직스러운 두 손이 있었으나
체온이 있을 동안만 가늘게 떨었을 뿐
곧이어 차고 뻣뻣한 힘 속으로 들어가고 말았다
누군지 아침부터 해장 한번 잘했군
지나가던 버스 운전사가 킬킬거렸고

손바닥으로 반쯤 가려진 얼굴들이
킁킁거리며 비린내를 향해 몰려왔다
손가락 끝으로 발가락 끝으로
핏줄의 끝 수만 뿌리 모세혈관으로
모여 기지개가 되고 주먹이 되고
눈동자 속에서 빛이 되어야 할 힘들이
해골을 뚫고 풀어져 사방으로 흩어져간 후
사내는 이제 진짜 육체가 된 것이다
무기력하고 아무 할 일도 없어 마냥 착하기만 한 육체
천국에 사는 사람들처럼 순한 육체가

먼지의 음악

한밤중. 책상에는 책상이 움직이는 소리가 있다. 책 속에는 책이, 옷 속에는 옷이, 살 속에는 살이 움직이는 소리가 있다. 거기 먼지들이 살고 있기 때문이다. 먼지들은 각각의 소리를 내다가 서랍의 나무 속에서, 책의 종이 속에서, 옷의 실오라기 속에서, 살갗이 부서진 비듬 속에서 떨어져나와 공기의 현으로 옮겨앉는다. 공기의 현과 먼지들이 비벼대는 소리가 공기의 틈마다 가득 울리며 나온다. 간혹 내가 움직이거나 거친 숨을 쉬면 공기의 현들은 일제히 끊어지고 현에서 떨어진 먼지들은 파동을 일으키며 밀려나가 한 떼의 소음이 된다. 소음은 책상의 소리를 가리고, 책과 종이의 소리, 옷과 실의 소리, 살과 비듬의 소리를 막아버린다. 소음이 느릿느릿 흩어지고 공기의 현이 겨우 이어지면 먼지들은 가만가만 그 위로 옮겨앉아 다시 소리를 낸다.

아침. 빛이 잠자고 있던 힘들을 깨운다. 힘과 힘들은 깨자마자 서로 밀고 부딪치며 거대한 소음을 만들고 그 소음의 수많은 구멍과 흡반 속으로 먼지들은 무차별하게 빨려 들어간다. 먼지들은 가늘고 긴 선율에서 뽑혀나와 경적이 되고 매연이 되고 격렬한 진동이 되어 바람을 일으키고 창문을 흔들고 흙가루를 날리고 공기의 틈을 불순물로 가득 채워버린다. 소음이 지나가는 곳마다 공기들은 갈라지고 찢어지고 부서져 흩어지고, 책상과 책과 옷과 몸과 집은 소음을 견디기 위해 딱딱하고 무뚝뚝한 모습으로 돌아간다.

 저녁. 지친 걸음, 술 취한 발들이 집으로 돌아가는 시간. 먼지들은 먼지의 집으로 돌아간다. 종일 으르렁거리던 거친 힘들이 가라앉는 동안 소음은 점차 작아지고 흔적도 없던 공기의 현들이 조금씩 아물기 시작한다. 책상 속에서 책 속에서 옷 속에서 살 속에서 숨죽이던 먼지들은 흩어져가는 소음을 조심스럽게 건드리며 멈칫멈칫 공기의 현으로 다가간다. 이윽고 소음이 모두 가라앉는다. 문고리는 다시 즐거운 소리를 내며 녹이 슬기 시작하고 깎아내버린 사과 껍질에서는 당분이 썩는 소리가 야금야금 들리기 시작한다.

개밥그릇 하나

동그랗게 허기를 말아 앞발에 턱을 괴고
개는 졸린 눈으로 누워 있다 그르렁거리던 허기도
편한 자세에 취해 한껏 늘어져 있다
졸린 눈을 찌르는 한 줄기 가는 빛
개밥이 채워져 있는 동안 가려져 있던 그릇 하나
허겁지겁 허기를 채우는 동안 보이지 않던 그릇 하나
그 깊은 빈 공간이 차갑게 빛을 내고 있다
개는 위장 속에서 쉬고 있던 신음을 꺼내어
나직하게 으르렁거리며 그릇의 빈 깊이를 노려본다
허기의 힘이 게으른 다리를 일어나게 한다
개는 한차례 크게 짖어본다
그릇 속의 빈 공간은 움직이지 않는다
위협적으로 여러 차례 계속 짖어본다
우렁찬 소리는 비어 있는 둥근 자리를 샅샅이 훑고
나서
다시 혀와 목구멍 속으로 들어온다
허기는 빈 그릇보다 더 깊어진다
미동도 동요도 없는 적을 향하여
드디어 개는 흔들던 꼬리를 박차고 돌진해간다
빈 그릇을 물어 흔들고 할퀴고 차고 뒤집고 굴린다

빈 그릇은 이리저리 요란하게 굴러다니며
허기가 마음껏 울부짖도록 내버려둔다
상처나고 찌그러지는 그릇 속의 빈 공간
가볍고 날카로운 금속의 소리는 위장 속에서 부딪치다가
맑게 씻겨져나온다
정안수처럼 가늘게 떠는 허기의 울림

허기는 즐거운 놀이
목줄도 없고 네 다리와 꼬리도 없고
주인도 욕도 매질도 없는
고요하고 둥근 밥그릇만 있는

소 2

몸무게가 되기 위하여 물이 살 속으로 들어온다
살과 뼈와 핏줄 사이 가볍고 푹신한 빈틈들을
힘센 무게들이 빽빽하게 채워버린다
차에 매달아 한 시간이나 끌고 다니며 만든
갈증 속으로 물은 끊임없이 들어오고 있다
음매에 슬픈 울음 속 떨림의 사이사이
깊고 가는 빈틈으로 물이 채워진다
이윽고 울음에서 떨림이 없어지고
헉헉거리며 울음에서 공기가 모두 빠져나가고
목구멍을 틀어막은 완강한 힘이 울음을 채운다
울음은 이제 형식적으로 입만 크게 벌리고 있다
부룩 부루룩 물 사이로 빠져나온 공기로 숨을 쉬며
뱃가죽에서 규칙적으로 불어났다 꺼졌다 하고 있다
크고 단단한 무거움 속에 조용히 정지하여 있으니
보인다 가죽 속에
우연히 들어와 무게가 된 한 줄기 바람
이제 고기가 되어버린 한 방울 물 한 모금 공기
무거움의 밖에서는 또 다른 한 떼의 공기들이
파리들처럼 날렵하게 날아다니며 혀를 간지르고 있다
마시려 하면 앵앵거리며 순식간에 흩어지고

힘들여 마신 한 호흡의 공기마저
목구멍에서 찰랑거리던 물이 기어코 밀어낸다
눈알 가득 앉은 간지러운 파리 떼를
이젠 눈을 끔벅거려 날려보낼 수 없다
아무리 많은 눈물로 씻어내도 날려보낼 수 없다

소 3

저 쇠가죽 부대 속에 한때는
풍선 같은 바람이 들어 있었다네
가죽 구석구석 팽팽하게 부풀어
뛰어다니기도 하고 쟁기를 끌기도 하고
목구멍으로 음매에 떨며 나오기도 하였다네
가죽 부대를 빠져나오려고
길길이 뛰고 발길질도 하였지만
결국 바람은 잔잔해지고 풀을 뜯으며 커갔다네
그러나 이제 바람이 빠져나갔다네
백정이 칼을 들어 한가운데를 가르자
흔적도 없이 빠져나갔다네
바람 빠진 가죽부대 털레털레 실려가고

떠돌던 바람들이 모이고 자라서
폭풍이 되어 휘몰아치는 저녁
우연히 천막 안으로 들어간 바람 하나
천막을 들고 일어나려 하네
밤새도록 천막을 빠져나오지 못하고
이리저리 들먹이며 그르렁거리네
마치 내장을 가지고 있다는 듯이

내장의 어두운 통로마다
냄새를 가지고 있다는 듯이
그 비린 냄새를 진동시켜
울음 소리를 내고 있다는 듯이
그 떨리는 목울대 끝에
펄쩍펄쩍 뛰는 심장이 달려 있다는 듯이

뱀

팔과 다리란 무엇인가
왜 살가죽을 뚫고 몸에서 돋아나는가
나는 안다 팔다리 달린 몸들을
그 몸들이 얼마나 뜨거운가를
그 끓어오르는 몸 속에
얼마나 많은 울음이 들어 있는가를
갓난 것들은 태어나자마자
몸에서 울음부터 꺼내야만 하고
평생 동안 부지런히 지껄여
말들을 뱉어내지 않으면 안 된다
그렇게 쉬지 않고 난폭한 힘을 배설하지 않는다면
끝내는 자신의 열기에 못 견뎌 뇌는 녹고
심장은 타고야 말 것이다
몸 속의 열기가 살가죽을 밀고 터져나오지 않도록
 살가죽 터진 자리마다 거추장스런 팔다리가 돋아나지 않도록
 그리하여 온몸에 차가운 피가 흐르도록
모든 힘을 독으로 만들어야 한다
얼음처럼 차고 빛나야만 맑아지는 독
 그 푸른 힘으로 끓어오르는 열기를 잠재워야 한다

그러면 마지막에는
가늘고 긴 선 하나만 몸에 남게 될 것이다

가벼워라 아아 편안하여라
팔과 다리 털과 꼬리 모든 것이 생략되고
한 줄의 긴 몸으로 단순화되니
머리와 심장으로 언제나 땅을 만질 수 있고
마음껏 땅의 차가운 힘을 마실 수 있고
그 즐거움으로 독은 더욱 올라 꼿꼿하게 날이 서는구나
나무처럼 땅의 고요한 기운을 받아 숨쉬니
굵을수록 눈은 광채를 더하고
빠를수록 몸은 바람보다 소리가 작구나
번잡스럽게 바둥거리던 팔과 다리
그 몸에서 줄창 쏟아내는 비명과 아우성도
독으로 소화시키면 이내 형체를 버리고 열기와 소음도 버리고
기꺼이 화사한 꽃비늘이 되는구나

멸 치

굳어지기 전까지 저 딱딱한 것들은 물결이었다
파도와 해일이 쉬고 있는 바닷속
지느러미의 물결 사이에 끼어
유유히 흘러다니던 무수한 갈래의 길이었다
그물이 물결 속에서 멸치들을 떼어냈던 것이다
햇빛의 꼿꼿한 직선들 틈에 끼이자마자
부드러운 물결은 팔딱거리다 길을 잃었을 것이다
바람과 햇볕이 달라붙어 물기를 빨아들이는 동안
바다의 무늬는 뼈다귀처럼 남아
멸치의 등과 지느러미 위에서 딱딱하게 굳어갔던 것이다
모래 더미처럼 길거리에 쌓이고
건어물집의 푸석한 공기에 풀리다가
기름에 튀겨지고 접시에 담겨졌던 것이다
지금 젓가락 끝에 깍두기처럼 딱딱하게 집히는 이 멸치에는
두껍고 뻣뻣한 공기를 뚫고 흘러가는
바다가 있다 그 바다에는 아직도
지느러미가 있고 지느러미를 흔드는 물결이 있다
이 작은 물결이

지금도 멸치의 몸통을 뒤틀고 있는 이 작은 무늬가
파도를 만들고 해일을 부르고
고깃배를 부수고 그물을 찢었던 것이다

파 리

천장에 손이 닿지 않는다
쫓으려고 인기척을 보낸다
파리는 날아가지 않는다
팔을 더 크게 휘둘러본다
파리를 향해 바람을 불어본다
날아가지 않는다
신문지를 말아 살짝 건드려본다
다리 하나가 약간 꺾어진다
부석, 날개가 조금 부서진다
부서진 날개에서 떨어진 먼지들이
천천히 날개 대신 날아간다

그러고 보니 지난 겨울부터
저놈은 저 자리에 붙어 있었구나
온몸이 하나의 소리가 되어
유리창을 치받고 전구를 맴돌던
내 신문지 몽둥이를 잘도 피하던 힘이
한 덩어리 크고 딱딱한 추위에 갇혀
겨우내 꼼짝없이 붙어 있었구나
바람이 파리 몸통을 지나가며

몸 속의 물기 몇 알갱이 성에로 만들어놓으니
고체 같던 추위가 풀려 공기가 되어도
파리는 더 이상 움직일 줄 모르는구나

파리의 형태로 아슬아슬하게 붙어 있는 티끌들을
이제 공기가 하나하나 떼어내리라
파리는 없어지고 파리였던 것들만 남아
1㎤ 속에 들어 있는 6,000,000개의 먼지 속으로
흩어져 날아다니게 되리라

구로공단역의 병아리들

1

 소음이 뭉치고 뭉쳐 공기는 바위처럼 딱딱하다 어느 것이 자동차 경적 소리이고 전동차 지나가는 소리 호각 소리 욕하는 소리인지 구분할 수 없다 공기들은 어지럽게 얽힌 채 굳어져서 내 귀에 돌처럼 박혀 있다 역 입구에 옷을 잔뜩 쌓아놓고 어떤 사내가 박수를 치며 뭐라고 소리친다 골라 골라 어쩌고 하는 것 같은데 다만 입만 크게 벙긋거리고 있을 뿐이다 손가락으로 귀를 막았다 열었다 해보니 이 소음은 천둥 소리이다 하지만 마냥 귀를 열어놓고 있으니 이 천둥 소리는 사막처럼 그저 조용하기만 하다

2

가늘고 맑은 소리가 문득
들려왔다 놀라웠다
연약한 소리들이 공기의 바위를 뚫고
용케 나의 귀까지 온 것이다
맑음의 힘으로 단단한 벽을 뚫고
내게 찾아온 그 소리는
귀의 소음을 씻으며

상쾌하게 울리고 있었다
그 소리에 이끌려갔다
이끌려간 곳은 라면 상자 안
참외 같은 노란 병아리들이
종종종 뛰고 있었다
맑은 소리 만드는 것 말고는
아무것도 할 줄 모르는 병아리들
그 아무것도 할 줄 모르는 순수의 힘이
맑은 음 열어
스스로 소음의 폭력을 헤치고
구로공단역에 퍼지고 있었다

새

새는 새장 밖으로 나가지 못한다.
매번 머리를 부딪치고 날개를 상하고 나야 보이는,
창살 사이의 간격보다 큰, 몸뚱어리.
하늘과 산이 보이고 울음 실은 공기가 자유로이 드나드는
그러나 살랑거리며 날개를 굳게 다리에 매달아놓는,
그 적당한 간격은 슬프다.
그 창살의 간격보다 넓은 몸은 슬프다.
넓게, 힘차게 뻗을 날개가 있고
날개를 힘껏 떠받쳐줄 공기가 있지만
새는 다만 네 발 달린 짐승처럼 걷는다.
부지런히 걸어 다리가 굵어지고 튼튼해져서
닭처럼 날개가 귀찮아질 때까지 걷는다.
새장 문을 활짝 열어놓아도 날지 않고
닭처럼 모이를 향해 달려갈 수 있을 때까지 걷는다.
걸으면서, 가끔, 창살 사이를 채우고 있는 바람을
부리로 쪼아본다, 아직도 벽이 아니고
공기라는 걸 증명하려는 듯.
유리보다도 더 환하고 선명하게 전망이 보이고
울음 소리 숨내음 자유롭게 움직이도록 고안된 공기,
그 최첨단 신소재의 부드러운 질감을 음미하려는 듯.

가 시

가지가 되다 말았을까 잎이 되다 말았을까
날카로운 한 점 끝에 온 힘을 모은 채
가시는 더 자라지 않는구나

걸어다닐 줄도 말할 줄도 모르고
남을 해치는 일이라곤 도저히 모르는
그저 가만히 서서 산소밖에 만들 줄 모르는
저 푸르고 순한 꽃나무 속에
어떻게 저런 공격성이 숨어 있었을까
수액 속에도 불안이 있었던 것일까
꽃과 열매를 노리는 힘에 대한 공포가 있었던 것일까
꽃을 꺾으러 오는 놈은 누구라도
이 사나운 살을 꽂아 피를 내리라
그런 일념의 분노가 있었던 것일까

한뿌리에서 올라온 똑같은 수액이건만
어느 것은 꽃이 되고
어느 것은 가시가 되었구나

너무 잘 크는 화초 하나

열대의 푸른 혈색을 지닌 화초 하나
창의 한쪽을 거의 다 차지하고
온몸 가득 따뜻한 햇살을 받고 있다
창밖의 눈부신 설경을 배경으로 하여
닭벼슬처럼 붉은 꽃을 머리에 얹고
날아오를 듯 닭날개 같은 잎을 넓게 늘어뜨리고
당당하게 실내 전체를 굽어보고 있다

화분은 깨끗하고 예쁘지만
비대한 화초가 들어가 살기에는 아무래도 작아 보인다
흙에 박혀 있는 굵고 억센 줄기를 보며
그 밑에 살고 있는 뿌리들을 생각해본다
좁은 화분의 벽을 힘 닿는 데까지 밀어보다가
끝내 구부러져 벽을 타고 빙빙 도는 뿌리들
둥근 실타래처럼 일정한 테두리 안에서
빽빽하게 뒤엉킨 수많은 잔뿌리들
물을 줄 때마다 물 한 방울 놓치지 않으려고
닭발처럼 힘줄이 튀어나오도록 물을 빨아올리는 줄기와
그 밑에서 서로 밀치고 아우성치며
일제히 주둥이를 들이대는 잔뿌리들

그래도 뿌리가 커져 화분이 터지는 일은 없으리라
줄기가 더 굵어지고 잎이 더 무성해져도
화초는 뿌리를 더 좁게 움츠리게 하고
가늘고 섬세한 잔뿌리들을 뭉툭하게 퇴화시켜
저 작은 화분의 집에서 마지막까지
움켜쥔 생명을 놓지 않으리라

사진 속의 한 아프리카 아이 1

앞에서 바람이 불면
살갗은 갈비뼈 사이 앙상한 틈을 더 깊이 후벼판다.
뒤에서 바람이 불면
푹 꺼진 배는 갑자기 둥글게 부풀어오른다.
가는 뼈의 깃대를 붙잡고 나부끼는
검은 살갗.

아이는 모래 위에 뒹구는 그릇을 내려다보고 있다.
가는 막대기팔과 다리로 위태롭게 떠받친 머리통처럼
크고 둥근,
굶주릴수록 악착같이 질겨지는 위장처럼
텅 빈,
그릇 하나.

사진 속의 한 아프리카 아이 2

아이는 모래 위에 웅크리고 앉아 있다
살이란 살은 굶주림이 모두 발라먹은
지금은 생선 가시처럼 눈만 뜨고 있는
한줌의 아이
빵을 기다리는 동안
있는 힘을 다해 머리를 들어올리던 가냘픈 모가지를
졸음이 톡, 꺾어버린다
무너지는
무너져 모래 위에 선명한 무늬를 남기는
한줌의 갈비뼈

오랫동안 끈질기게 한자리에 앉아서
독수리는 아이를 노려보고 있다
아아, 이렇게 슬픈 먹이도 있었던가
슬픈 먹이로
날개가 강해지고 눈에 매서운 빛을 더할 독수리는
의식을 진행하는 사제처럼 경건한 자세로
기다리고 있다
졸고 있는
배고픔의 기억이 말라 없어질 때까지 졸고 있는
한줌의 먹이를

선거 유세

연사의 급한 마음이 튀어 침으로 나온다
침은 더 많은 말들을 만들어내려고
입 안 가득 거품을 일으켜 혀 주위에 돌리고
꿈지럭꿈지럭 혀도 둔한 뿌리를 부지런히 움직인다
건조한 말들은 침 속에서 자꾸 물기를 빨아들이고
혀는 지렁이처럼 점점 하얗게 말라가는 몸으로
물기를 찾아 침샘으로만 들어가려 한다
순간, 급한 마음을 따라가지 못한 느린 혀가
미처 이빨을 피하지 못해 지끈 깨물린다
'양심'이 '야! 심!'으로 발음되어나온다
쓰린 상처에 급히 바람을 넣으며
혀는 힘차게 꼼지락거려 그 발음을 수정한다
연사는 억지로 공기를 밀어넣어
물기 없는 찐득찐득한 침을 꿀꺽 마신다
침은 목구멍에 달라붙어 말로 가려는 공기를 막는다
당황한 얼굴에 박히는 수많은 시선들
큰기침! 이어 계속되는 진짜 기침
죄송합니다 콜록 유권자 콜록 여러분 죄송합니다 콜록
마른 땅에서 먼지를 뒤집어쓴 지렁이처럼
혀는 더 견디지 못하고 있는 힘을 다해 꿈틀거려본다

드디어 우레와 같은 박수 소리
말에서 침이 갈라져나온다 말에서
물기가 모두 빠져나온다 말들은 뜨거워진다
뻥! 뻥! 몇 배로 튀겨진 말들이
확성기마다 쏟아져나온다 박수 소리 위에 쌓인다

주정뱅이

 그는 말이 없는 사내이다. 어젯밤엔 내내 취해 끓었으나 날이 밝은 지금은 식어 차갑고 조용하다. 그의 굳은 몸은 바위처럼 제 무게 속에 깊이 틀어박혀 좀처럼 나오려고 하지 않는다. 끙끙거리며 그는 억지로 몸을 잡아 일으켜세운다. 삐걱거리는 느린 몸을 힘들여 끌며 그는 하루종일 자갈을 져나르고 철근을 잇고 물과 모래로 시멘트를 갠다. ……그리고 저녁. 어두운 몸이 환해지는 저녁. 그는 술집으로 간다. 술이 들어가면 몸은 무게에서 풀려난다. 굳어 있던 말들은 녹기 시작한다. 자물통 같던 입도 풀려 열리고 식은 심장도 끓기 시작한다. 끓는 몸 속에서 녹아나온 말들은 쉴새없이 입으로 올라간다. 말들은 억양의 힘찬 리듬을 타고 경쾌하게 나왔다가 꼬부라진 혀끝에서 한바퀴 빙그르르 돌아서 병 목마다 귓구멍마다 붕붕거리고 잔마다 그릇마다 쩌렁쩌렁한 소리를 채운다. 말이 빠져나간 자리에다 그는 연신 술을 채운다. 찰랑찰랑 술이 넘치는 뚱뚱한 몸을 기우뚱거리며 그는 술집 문을 나선다. 비틀거릴 때마다, 출렁거리며 좌우로 쏠리는 힘에 박자를 맞추어 걸으며, 그는 노래부른다. 노래가 너무 기분에 취해 심하게 기우뚱거리자 그는 발을 헛디뎌 넘어진다. 엎어진 술통처럼 한꺼번에 쏟아져나오는 말들. 소새끼, 말새끼, 개새끼, 막노동판에서 평생 질통이나 지다 뒈질 놈…… 그는 자기를 넘어뜨린 자를 향해 고래고래 퍼붓는다. 몸에서 소화되지 못하고 부글거리던 말들이 때를 만났다는 듯 한꺼번에 토사물로 쏟아져나온다. 한참을 쏟아내고도 다 꺼내지 못한 말을, 침과 토사물이 질질 흘러내리는 말을 거리에 흘리며 그는 비틀비틀 집으로 간다. 거의 다 끓은 그의 몸이 때 절은 이불 위에 쿵! 하고 쓰러진다. 욕들은 아직도 열기가 남아 쓰러져 있는 동안에도 침을 튀기며 나온다. 크고 거친 소리는 중얼거림이 되고 그것도 몇 번인가 끊기더니 이윽고 욕이 되다 만 상태에서 굳어진다. 그는 이내 잠이 든다. 말들은 제 몸무게에 눌려 이제 바위처럼 조용하다.

천년 동안의 죽음

안데스산맥에서 발굴되었다는
한 잉카족 사내의 미라는
눈을 감고 온몸을 꼭 웅크린 채 얼어 있다
머리 가죽은 닳아서 해골이 드러나 있고
입고 있던 옷은 다 삭아
겨드랑이와 음부에만 조금씩 털처럼 붙어 있다
천년 이상을 죽어 있었던 그 육체는
이제는 시체가 아니라 폐허처럼 보인다
살은 거의 썩지 않았으며 다만
고대 신전의 돌기둥처럼 닳거나 부서져 있을 뿐이다

그 사내는 죽음 속에 한창 익어가고 있다
질기고 고집세고 고약한 냄새만 풍기던 육체는
익을수록 흙의 색깔과 향기에 가까워지고 있다
음식물을 집어넣고 분비물을 배설하던 그 폐허에는
이끼와 나무 그리고 들풀의 뿌리들이 기웃거리고
갈비뼈와 심장과 내장 사이로는
뿌리를 유혹하는 자양분들이 가득차 있다
그러나 완전히 흙이 된 것은 아니어서
사내는 아직도 추위에 휘어진 등뼈 안에 들어 있다

흙벽처럼 조금씩 무너져 있는 무릎과 팔꿈치에는
돌이 되다 만 뼈들이 드러나보인다
천년이 넘도록 시간과 추위와 어둠만 들어 있던 얼굴은
한 덩어리의 흙처럼 생각 없고 꿈 없는 잠에 빠져 있다
푸른 잎과 붉은 꽃들이 곧 그 얼굴에서 피어날 것 같다
얼굴은 이미 풀내음 꽃내음에 한껏 취해 있다

먹자골목을 지나며

먹자골목을 지나는 퇴근길
돼지갈비 냄새가 거리에 가득하다
냄새를 맡자마자 어서 핥으려고
입과 배에서 침과 위산이 부리나케 나온다
죽은 살이 타는 냄새임이 분명할 텐데
왜 이렇게 달콤할까
이것은 죽음의 냄새가 아니고 삶의 냄새란 말인가
필시 그 죽음에는 오랫동안 떨던 불안과
일순간에 지나온 극도의 공포가 있었으리라
그러나 이 냄새에는 그런 기미가 전혀 없다
오로지 감칠맛나기만 해서 천연덕스럽고 뻔뻔스럽다
정말 이것이 죽음의 맛일까
비리고 고약한 냄새인데
혀와 위장이 잠시 속고 있는 것은 아닐까
수많은 죽음을 품어 아름다워지고 풍요해진 산처럼
한몸 속에 삶과 죽음을 섞어놓으려고
서로 한 곳에서 살며 화해하게 하려고
혀와 위장을 맛의 환각에 홀리게 한 건 아닐까
지글지글 타고 있는 것이 고기이건 시체이건
돼지갈비, 그 환각의 맛과 냄새에서
잠시도 벗어날 수 없는 먹자골목

울 음

그의 내부에서 무엇이 녹고 있었던 것이다
얼굴은 어둡게 일그러져 있었지만
녹으면서 뿜어나오는 빛으로 내부는 환했을 것이다
눈으로 녹아나오는 뜨거운 용해물이
굳으면 곧 유리가 될 것 같은 투명한 용해물이
약한 시력을 따뜻하게 덮어주고 있었다
무거운 것이 가벼운 것으로 변할 때 발열되는 열량을
희고 얇은 피부로 싸안고 견디어내느라
그는 어깨를 들먹이며 격렬하게 떨었고
어두운 내장으로 눈부신 빛을 견디어내느라
허파와 식도와 입은 토할 듯이 컥컥거렸다
눈물로 몸을 녹이는 동안
녹아 서서히 액체로 변해가는 동안
무거운 것들은 점점 그를 놓아버리게 될 것이다
녹은 만큼 그는 가벼워지게 될 것이다
가벼워진 만큼 내부에 둥글고 빈 자리가 생기게 될 것이다
그 텅 빈 자리가 넓으면 넓을수록
더 많은 공기와 빛과 바람이 들어오게 될 것이다
어떠한 충격이나 욕설이나 소음이 들어가더라도
거기엔 단지 공기와 빛과 바람만이 살게 될 것이다

병

병이 들어오면 몸은 뜨거워집니다
한 그릇 고요한 물처럼
마음은 찬 데 있어야 투명하고 맑아지는데
뜨거운 그릇 속에 앉아 있자니
울렁울렁 속이 일어나 뒤집히고
한 방울 두 방울 기포도 생겨 떠오릅니다
그릇 오목한 바닥에 착실하게 엉덩이 붙이고 싶어도
자꾸 들썩거리게 되고
끝내 마음은 소리지르며 끓기 시작합니다
끓어오르느라 온몸 가득 닭살이 돋습니다
그래도 병을 이기려고 부글부글 끓습니다
마음도 한몸 속에 너무 오래 담겨지면
먼지도 앉고 잡균도 꼬여 흐려지겠지요
비우지도 않고 마냥 채우기만 하면 더 흐려지겠지요
사는 곳이 맑고 고요하지 않으면 견디지 못하니
마음은 가끔 이렇게 푹푹 끓어야 하는 모양입니다

중얼중얼중얼

생각 없는 말들이 나온다 중얼중얼중얼 생각의 무게에서 벗어난 말들은 가볍다 말 속에는 단지 목청의 떨림이나 내장 냄새 발음 억양 따위만이 있을 뿐이다 나는 정말 말을 꺼낼 생각은 없었다 내 안에서 무엇이 그 말들을 밀어냈던 것이다 맹장 속의 모래알처럼 내 생각이 닿지 않는 곳에 사는 말들이 내 안에 있다 항문과 요도를 찾듯이 그 말들은 단지 터져 있는 길을 찾아 나온다 힘이 들 때 짜증나고 피곤할 때 말을 쏟고 싶다 오랫동안 가슴을 방광처럼 탱탱하게 부풀려온 말들을 시원하게 쏟아내고 싶다 욕설을 흔적 없이 받아줄 거대한 허공을 또는 더러운 냄새나 치부를 깨끗하게 담아줄 한 칸막이의 허공을 찾고 싶다 나는 정말 말하려고 하지 않았다 그러나 꿈이 밀어낸 정액처럼 나도 모르는 사이에 말들은 나오고 말았다 어디에선가 말들은 끊임없이 흘러나와 끝에 빛이 달려 있을 것 같은 구멍들을 향해 가고 있다 내 머리는 텅 비어서 아무런 말도 생각해낼 수 없다 무슨 말이 나오고 있는지 모르면서도 중얼중얼중얼 말들은 쉴새없이 나온다 지금까지 나오고 있던 말들이 내 것이었다는 것을 알고 깜짝 놀랄 때까지 나는 그저 자고 있는 것처럼 조용하다

고요하다는 것

고요하다는 것은 가득차 있다는 것입니다
만일 이 고요를 현미경으로 들여다볼 수 있다면
당신은 곧 수많은 작은 소리 세포들을 발견하게 될 것입니다
바람 소리 물소리 새소리 숨소리……
바람 소리 속에 숨어 있는 갖가지 떨리는 소리 스치는 소리
물소리 속에서 녹고 섞이고 씻기는 소리
온갖 깃털과 관절들 잎과 뿌리들이 음계와 음계 사이에서
서로 몸 비비며 움직이는 소리를 보게 될 것입니다
얼마나 많은 소리들이 아직도 없어지지 않고
여운이 끝난 자리에서 살고 있는지
얼마나 많은 소리들이 그 희미한 소리와 소리 사이에서
새로 생겨나고 있는지 보게 될 것입니다
이 모든 소리와 움직임은 너무 촘촘해서
현미경 밖에서는 그저 한 덩이 커다란 돌처럼 보이겠지요
그러므로 아무 소리도 들리지 않는 것은 아주 당연하답니다

하지만 한 모금 샘물처럼 이 고요를 깊이 들이켜보세요
즐겁게 폐 속으로 들어오는 음악을 들어보세요
 고요는 가슴에 들어와 두근거리는 심장과 피의 화음을 엿듣고
 허파의 리듬을 따라 온몸 가득 퍼져갈 것입니다
 뜨겁고 시끄러운 몸의 소리들은 고요 속에 섞이자마자
 이내 잔잔해질 것입니다 당신이 아무리 흔들어도
 마음은 돌인 양 꿈쩍도 않을 것입니다

귀에서 수화기가 떨어지지 않는다

귀에서 수화기가 떨어지지 않는다
아무리 잡아당겨도 수화기는 끈덕지게 귀를 붙들고
귓구멍 속으로 줄기차게 말을 퍼붓는다
그래도 귀는 줄창 열려져 있다
아, 귀도 눈과 입처럼 열고 닫을 수 있다면!
잡음과 소음으로 말소리는 계속 웅웅거리지만
그 따갑고 질긴 소리를 놓치지 않으려고
귀는 바늘귀만한 틈을 열어 말소리를 쫓아간다
아, 아닙니다. 절대로 아닙니다.
말소리에 눈이 달려 있다는 듯이
그 눈이 앞에서 나를 노려보고 있다는 듯이
나는 격렬하고 단호하게 팔을 좌우로 내젓는다
갑자기 차디찬 말소리의 날이 내 말을 여지없이 자른다
팔이 힘없이 책상 위로 떨어진다
떨어진 손 위로 햇살이 내려앉는다
손도 말소리를 알아듣고 있다는 듯 부르르 떤다
희디흰 빛도 손가락 털에 잠긴 채 함께 떤다
손가락 털 위의 빛들이 송충이처럼 꾸물거린다
말들은 더욱 기세등등하게 밀려들어온다
보이지도 않고 허공으로 흩어지면 없어져버릴 소리들이

귀에 들어오기만 하면 고스란히 쌓인다
머리를 흔든다
머릿속에 꽉찬 말들이 흔들린다
아 하고 입을 벌리면
괴성이 되어 욕과 독설이 되어 쏟아져나올 것 같다
 나는 굳게 입을 다물고 토사물 같은 말을 목젖으로 눌러버린다
 또 한 대의 전화기에서 벨이 울린다
 빨리 이 통화를 끊고 저 전화를 받아야 한다
 그러나 수화기 속의 말은 나사못처럼 튼튼하게 귀에 박혀 있다
 벨소리는 망치처럼 나사못을 쿵쿵 때린다
 이제 귓속은 포화 상태, 더 이상 말이 들어가지 않는다
 말들은 귓전을 때리다가 귀 밑으로 줄줄 흘러내린다
 한바탕 토악질로 말을 쏟아내고 다시 통화했으면 좋겠는데
 귀에서 수화기가 떨어지지 않는다

망가진 사람

 그는 크고 단단한 체격을 가진 건장한 사내이다. 하지만 이미 망가진 사내이다. 그는 종일 명동 거리를 어슬렁거리며 무엇인가 끊임없이 연설하고 있다. 그의 말에는 꼭 필요한 부분에 억양과 악센트와 제스처가 들어가 있고 진지한 표정도 있다. 잘 짜여진 문법과 의미 구조의 틀도 갖추고 있다. 그의 말은 너무나 멀쩡하다. 그런데도 사람들은 잠시 멈춰서서 귀를 기울이다가 고개를 갸웃거리고 결국엔 알 수 없다는 웃음을 지으며 지나간다.

 망가진 마음속에 말이 있다. 말이 그저 그의 마음속에 있기 때문에, 단지 입술과 혀와 이와 목청이 오랫동안 말을 해왔기 때문에, 그는 말을 한다. 그러나 말은 나오자마자 공기에 싸여 사라진다. 그래도 그는 그치지 않는다. 왜냐하면 그는 매일 세 끼 밥을 먹기 때문이며, 밥은 모두 망가진 마음으로 들어가 말과 똥이 되기 때문이며, 똥이 몸에서 나와야 하는 것처럼 말도 입에서 나와야 하기 때문이다.

 말은 멀쩡한데 마음만 망가진 사람, 얼굴은 멀쩡한데

표정만 망가진 사람, 눈은 멀쩡한데 눈빛만 망가진 사람, 몸은 너무나 튼튼한데 손짓 몸짓 걸음걸이 그리고 걸음이 가고 있는 방향만 망가진 사람.

 한때는 저 말들을 꽉 쥐고 놓지 않던 튼튼한 마음이 있었으리라. 그 마음은 꼭 필요한 때에만 말이 나가도록 입을 통제했으리라. 술이 들어가면 그 힘은 다소 풀려 얼마의 말들이 빠져나가기도 했겠지만 평상시엔 굳게 다물고 있었으리라. 무엇일까, 그 정교하고 튼튼한 장치의 끈을 어느 날 아무렇지도 않게 끊어버린 힘은, 저 건장한 사내를 털끝 하나 건드리지 않고 완벽하게 망가뜨린 힘은.

계절 관측 동물

참개구리, 무지치, 뻐꾹새, 종달새
우리나라 기상청이 지정한 계절 관측 동물들
봄이 되면 제일 먼저 나타나 봄을 알려주는 동물들
그러나 이제 서울에서는 볼 수 없다고 한다
서울 공기, 서울 물, 서울 땅에 못 견뎌
1981년 이후 아주 사라졌다고 한다

나를 보라, 서울 한복판에 살면서도 얼마나 튼튼한가
아황산가스, 산성비, 발암 물질 수돗물이 무차별 쏟아져도
양복 뜯어지도록 사람들을 밀쳐 지하철을 타고
두 계단 세 계단씩 지하도 뛰어오르며 출근길을 누빈다
드링크제로 피로를 푼 간장
스포츠 신문으로 스트레스를 몰아낸 머리통
알약으로 두근거리는 불안까지 없앤 심장이 있으므로
새벽부터 밤까지 넥타이 더 조여지도록 뛰어다녀도 끄떡없다

멸종 후에 남는 폐허 같은 이름들
갈 곳이 없는 이젠 이름이 될 필요도 없는

단지 사전 속에 글씨로만 남아 있는 이름들
그렇게 땅 위에서 영영 사라져도
울음이나 절규는커녕 슬픔조차 없는 동물들
없어져 아주 조용해진 그들의 소리가 몸 속에서 들린다
침묵보다도 더 낮은 그들 소리에 귀기울이며 걷다가
귀를 찢을 것 같은 자동차 경적 소리를 놓친다
야 이 자식아, 죽고 싶어 환장했어
성질난 운전사가 아무리 거품을 물고 소리질러대도
그렇다, 너무나 튼튼하고 뻔뻔스러워서
나는 아직 죽는 법을 모른다

충돌 직전의 명상

곧 충돌하리라는 걸 알았다. 교차로에 진입할 때 왼쪽에서 직진해 들어오는 버스를 미처 보지 못했던 것이다. 충돌을 향해 내 차와 버스는 접근하고 있었다. 서로 어, 어, 하면서 쳐다만 보고 있었다. 멈추어야 했지만 달리는 속도를 잡을 수가 없었다. 달리는 속도와 충돌 사이에 시간이 있었다. 그 시간 속에서 뇌는 충돌을 피하기 위한 동작을 손발에 전달해야 했고, 손은 핸들을 오른쪽으로 돌려야 했고, 발은 액셀러레이터에서 뛰어 브레이크를 밟아야 했다. 그러나 시간은 달리는 차를 뒤로 당겨주지 못했다. 부딪치는 걸 알면서도 어, 어, 입만 벌릴 수밖에 없었던 시간. 삶의 속력. 습관의 속력. 속력에 취해버린 속력. 속력은 이미 나와 내 차를 떠나 저 혼자의 힘으로 가고 있었다. 빨리 핸들을 돌려야 했지만 나는 먼저 몸부터 돌렸고 브레이크를 급히 밟아야 했지만 먼저 핸들을 고삐처럼 잡아당겼다.

시간이 느리게 가도 모든 사물들이 스스로 움직이던 때가 있었다. 이 시간에 어떤 물고기는 다리를 만들어 개구리가 되었고 땅은 바다가 되었고 유인원은 현대인이 되었다. 하지만 이제 사물들은 제 스스로 움직이지 않는다. 시간만이 홀로 빠른 속도로 달려가고 사물들은 모두 이 속도 속에 몸을 맡긴 채 정지해 있다. 시간의 폭풍 그 엄청난 가속도에 질려 꼼짝도 하지 않고 있다. 충돌하기 전까지는 결코 멈출 수 없는 시간. 사정없이 내 삶을 당겨버리는 시간. 멱살과 손발을 움켜쥔 억센 속도의 손. 속도 속에서 단단함을 잃고 부드러운 리듬이 되어버린 뼈와 철. 두 눈 뜨고 속도에 끌려 어, 어, 하며 가는 동안 나는 알고 있었다. 핸들을 돌렸을 땐, 브레이크를 밟았을 땐, 이미 유리창이 터져 흩어지고 차가 우그러지며 살과 뼈는 구겨져 형체 없는 철조각과 뒤섞이리라는 것을.

돈 키호테, 난지도에 가다

빗자루 하나 쓰레받기 하나 들고
나는 간다 난지도로
세상의 모든 잘잘못은 다 따져야만 한다
낱낱이 가려져야만 한다
검은 것과 흰 것 착한 것과 악한 것이
무차별하게 섞여 한가지 색이 되고
한가지 구린내가 되는 것을 방치해서는 안 된다
온갖 잘난 것들이 단 하나의 이름 쓰레기가 되어
섬이 되도록 쌓이는 난지도
하나의 이름이 되자마자 뿜어져나오는
이 독한 냄새를 보라
찡그리며 서로를 노려보는 얼굴들 사이를
꾸역꾸역 채우는 이 뿌리 깊은 냄새를 보라
그것은 분명 오해다
제각기 하나였을 때는 향기였고 구수한 냄새였던 것들이
이렇게 악취가 된 데에는 분명히 오해가 있다
둘시네아 아씨의 고귀한 이름에 걸고 맹세하노니
내 이것들을 끝끝내 풀어내고 밝히고야 말리라
이 뒤죽박죽 산더미를 하나하나 뒤져

이름들마다 달라붙어 뒤엉킨 오해를 다 쓸어내고
원래 있었던 자리로 보내고야 말리라
타는 것들은 하늘로 타지 않는 것들은 땅속으로
썩는 것들은 시간 속으로 썩지 않는 것들은 불 속으로
모두 돌려보내 편히 쉬게 하리라
나에게는 하면 된다는 신념이 있다
나에게는 할 수 있다는 용기가 있다
나에게는 해야 한다는 의지가 있다
빗자루 하나 쓰레받기 하나 들고
가자 산초야 달려라 로시난테야
세상은 넓고 할 일은 많다

주름살

화물차의 경적
급정거, 하는 버스
소리들이 내 관자놀이를 누른다
소리에 눌려 내 양미간이
찌그러진다 찌그러진
양미간이 종일 펴지지 않는다
사람들을 만나면 찌그러진 양미간으로 웃는다
눈 언저리와 입가도 따라서 일그러진다
거울을 보고 두 손으로 억지로 양미간을 펴본다
느닷없이 양쪽 귀에서 쏟아져나오는
화물차의 경적 소리
버스의 급정거 소리
놀란 양미간 깊은 주름이 황급히 되돌아온다

무 좀

가려움은 즐겁다
긁는 즐거움은 터진 모세혈관으로 들어가
머리카락 끝으로 나온다
굵고 딱딱하고 거친 손가락은
비좁은 발가락 사이를 게걸스럽게 후빈다
종일 양말과 땀에 갇혀 있던 발가락은
벌겋게 달아오르며
교미의 분비물 같은 끈적끈적한 액체를 흘린다
살갗이 닳아 피를 흘리는 정도로는
이 즐거움은 아무래도 끝날 것 같지 않다
발가락을 짓찧어도 부족할 것 같다
우적우적 깨물어도 시원치 않을 것 같다
시원하게 긁을 수 있다면 넓적다리까지 닳아도 좋을
이 마약 같은 즐거움은 그러나
하루종일 흰 양말에 점잖게 싸여 있다
반짝거리는 구두와 바쁜 발걸음 속에서
성욕처럼 숨어 살고 있다
위장에서 소화시킨 보신탕과 뱀탕으로
하릴없이 가려운 뿌리들만 튼튼해지고 있다

신문 가판대에서

지하철역 신문 가판대 진열창
서로 얼굴을 잔뜩 내밀고 있는 주간지들
넥타이를 맨 사내들은 정성껏 반라의 모델을 뜯어보다가
흘끔흘끔 정치 주간지들의 헤드라인에 눈을 판다
반라처럼 거침없고 대담하고 유혹적인 정치어들
무덤덤하게 지나가던 눈들이 하나둘 진열창에 모인다
거세된 욕망들을 건드리는 말의 성감대
호기심의 끈질긴 애무
힘의 오르가슴
힘이 쪼그라들면 오는 허탈과 비릿한 부패의 냄새
그러나 신문 목차는 보고 싶을 만큼만 보여주고
쑤시고 싶은 부분은 살짝 비치는 말의 옷으로 가리고 있다
매일매일 정액처럼 고이는 스트레스
규칙적으로 배설하지 않으면 몽정하여 팬티만 더럽히는
한끗발 한탕 한판 승부 한칼과 싹쓸이의 욕구들
적당히 배설하지 않으면 병이 된다고
의사들은 말한다 몸의 자연적인 흐름을 역행하지 말라고

정신의학자들은 충고한다
일주일마다 신제품이 쏟아져나오는 신문 가판대
동전만 던져주면 속옷을 벗고 나오는 일회용 권력

실직자

1
툭, 몸 안에서 무엇이 끊어지는 것을 느꼈다

끊어지면 모든 것을 잃을 것 같던
끊기지 않으려고 오랫동안 그렇게 조심하고 조바심쳐 왔던
끊어질까봐 소리 한번 크게 내지도 못하고
시원하게 한번 화도 내보지 못했던
언제나 떨림과 미열과 잔뇨감 끝에 아슬아슬하게 매달려 있던

철버덕,
그 덩어리 하나가
장화 같은 하체 속으로 떨어지는 소리가 들렸다

2
취해 인사불성이 되어도 가는 길을 알던 걸음이
술도 먹지 않은 지금 그 길을 모른다
심장이며 허파며 내장들이 하나도 남지 않은 상체는 썰렁하고

그 모든 것들이 쌓인 다리는 무겁다
그 무게에 의지하여 나는 걷는다
걸음이란 발이 어느 곳을 향해 가는 행위가 아니라
단지 한 발이 밀어올린 몸뚱이가 앞으로 쓰러지지 않도록
다른 발이 얼른 와서 받쳐주는 것
또 다른 발이 이어서 다시 받쳐주는 것
가는 곳을 모른 채 걸음은 그치지 않고 간다
텅 빈 이 커다란 무게를 지고

김과장

아침 7시부터 밤 9시까지
김과장은 매일 도피한다

김과장이 사는 아파트는
시간이 흐르다가 자주 막혀 고이는 곳
사표를 내고 나서 풍덩 뛰어들고 싶었던
맑고 푸른 자유의 시간들이
오래 기다려왔던 탈출과 해방의 시간들이
몸 속을 흐르다가 꾸룩꾸룩 거품을 내며 막혀
권태가 되고 신경성 질환이 되는 곳에 있다
너무 많아서 처치 곤란한
자고 일어나면 몸 속에 쌓였다가 퉁퉁 붓는
이 시간들을 피하기 위하여
김과장은 도피한다
도피하지 않는다면?
집 주위에서 일없이 어슬렁거리고 있을 것이다
그러다 호기심 많은 아낙들의 눈에 걸려들 것이다
저 집 남자는 실업잔가봐
책이 많대 무슨 공부 하나 보던데
아냐 얼마 전까진 매일 출근하더라

그럼…… 잘렸나!
그렇지 않으면 면도도 하지 않은 얼굴로 슬리퍼를 끌고
비디오를 빌리러 가거나
맥주 오징어 라면 따위를 사러 슈퍼에 갈 것이다
지나가는 길에 또 어떤 낯익은 얼굴과 마주치면
요즘은 집에만 계신가봐요
얼굴이 부으셨네요 어디 나쁜 데라도 있으세요?
그러나 김과장은 없다 아침 7시부터 밤 9시까지
이 세상에 없다
죽은 사람처럼 없다

김과장이 도피하는 곳은 구로공단의 어느 건물 안
일명 ○○회사에는 사장과 전무와 부장
동료 과장들과 남녀 직원들이 있다
그들도 김과장처럼 도피하는 중인지는 알 수 없지만
일단 이 건물에 들어오면 안심하는 표정들이다
그렇게 도피하자마자 문서 속으로 컴퓨터 속으로
회의 속으로 전화 속으로 다시 도피한다
또 계산기에 파묻혀 있으면 예리한 시간도 그리 아프
지 않다

숫자를 이리저리 맞추어보고
바쁘고 정신없다는 말 속에 깊숙이 숨어 있다 보면
점심 시간이다 조금 있다가 퇴근 시간이다
실업자가 아니라는 알리바이를 가지고
적당히 피곤하다는 듯이 그러나 보란 듯이 당당하게
김과장은 집에 들어온다 밥을 먹을 수 있는 허기와
잠잘 수 있는 적당량의 피로를 가지고
어둠에 묻혀 가장의 자리에 무사히 안착이다
내년도 사업 계획 짜느라 눈코 뜰 새 없었어
내일은 사장님 앞에서 브리핑해야 돼
밥을 먹으며 김과장은 증인으로서 진술을 한다
김과장은 또 월급이라는 증거도 가지고 있다
낮은 길고 보는 눈은 많아서 숨을 곳은 의외로 적다
여기 ○○회사에 숨을 자격을 갖추기 위해서는
운전 면허증이 있어야 하고 컴퓨터를 칠 줄 알아야 하고
TOEIC 700점은 넘어야 한다
진취적이고 창의적이고 생산적인 사고를 가져야 하며
성격은 모나지 않고 둥글어야 한다

아침 6시, 머리맡의 자명종이 또 울린다

무진장한 햇빛과 시간 앞에 김과장은 나체처럼 드러
난다
 그러나 이불이나 신문으로 가려 숨을 필요는 없다
 김과장은 숨을 곳이 있다
 저 붉은 3자 표시의 버스에만 올라타면
 김과장의 하루는 들키지 않고 무사히 지나가게 되어
있는 것이다
 지각이나 결근은 전혀 모른다
 항상 신중하고 성실하며 부지런하다
 현재 받는 보수보다 더 윗길로 처리하는 많은 업무량
 그럼에도 그 일이 주는 성취감
 이 두꺼운 습관 속에 갇혀 있으면 김과장은 안전하다
 습관이란 얼마나 큰 폭력인가
 그러나 너무 오래 세차게 길들여져온 탓에
 이 폭력은 김과장의 몸에 편안하고 종종 달기까지 하다
 아아 습관이 아닌 모든 것이 두렵다
 도피가 아닌 모든 것이 낯설다
 그렇다 김과장은 이미 타락한 것이다

마음아, 네가 쉴 곳은 내 안에 없다

누웠다 일어났다 먹다
신문을 보다 티브이를 보다 자다
하는 일밖에 할 일이 없을 때
몸은 하나의 정교한 물시계 같다
미세한 방광의 눈금으로 한 방울 두 방울
몸이 버린 물들이 고이는 것이 느껴진다
눈금이 모두 채워지면 방광에 종이 울린다
그때는 아무리 게으른 몸뚱이라도 정확하게 몸을 일으켜
오줌을 누어야 한다
물시계가 죽지 않도록 물을 잘 쏟아야 한다

아침 점심 저녁으로 꼬박꼬박 먹고 마시는데
십 년 전이나 지금이나 몸무게는 그대로다
그 동안 먹은 밥 마신 물 모두 어디로 갔나
대부분 배설물 분비물로 빠져나갔겠지만
머리카락이 되어 깎이고
손톱 발톱이 되어 잘리고 때가 되어 밀려나가고
기운을 써서 소모시켜버렸겠지만
더러는 말이 되어 입에서 새어나가지 않았을까

생각이 되어 부풀기도 하고 작아지기도 하다가
끝내 기억만 남겨두고 다 잊어버리지 않았을까
슬픔이나 분노 절망 기쁨 같은 마음이 되었다가
표정이나 행동으로 울음으로 노래로 바뀌지 않았을까

방광의 눈금이 차올라 또 오줌을 누니
변기에서 모락모락 김이 솟아오른다
증기는 대기로 스며들어 다시는 보이지 않는다
오줌이 물과 온기와 냄새가 되어 나왔을 때
거기 마음도 함께 섞여나오지 않았을까
화내고 한숨 쉬고 웃고 소리치던 마음도
으르렁거리던 마음도
누가 있는 줄도 모르고 중얼거리던 마음도
함께 흘러나와 변기와 대기 속으로 흩어지지 않았을까
아무리 편하게 몸을 누이고 있어도
마음은 쉬지 않고 움직이고 뒤채고 끙끙거린다
맑은 잠 속까지 꿈이 되어 들어와 흙탕물을 일으킨다
어쩌다 이 갑갑한 몸에 들어와 살게 되었을까
가만히 마음을 들여다보고 있으면 안쓰러워진다
마음도 털처럼 몸에 뿌리박고 산다는 것

내장이 소화시킨 것을 먹고 자라야 한다는 것
먹지 않으면 몸뚱어리처럼 굶어죽는다는 것
어려서는 아름답고 크고 자유로웠지만
어른이 되면 더러워지고 작아지고 딱딱해져서
평생을 앓다가 죽는다는 것
그런 마음을 보면 불쌍한 몸보다도 더 불쌍해 보인다

구두 한 켤레

길을 걷다가 구두를 보았다
찌그러져 형체를 잃은 승용차 옆에
아무렇게나 나뒹구는
한 켤레 헌 구두를

발이 없는 구두
발이 빠져나간 구두
이상했다 발이 없는데도
뒤축이 닳아 있는 구두
무엇이었을까
한때 구두 뒤축을 동그랗게 닳게 했던
그 무게는
지금은 무게가 아닌 그 무게는

길을 걷다가 구두를 보았다
아직도 구두 뒤축에서 닳고 있는
수많은 길 수많은 걸음
허둥지둥 지나가버린 수많은 시간들
닳은 뒤축으로 여전히
땅을 디디며 걷고 있는
빈 발 하나

너는 없다

너의 흔적은 머리카락이나 지문이 아니다
손때 묻은 책이나 냄새나는 옷가지도 아니다
기억 속에 사는 목소리나 표정도 아니다
어느 곳에서나 쌓여 있는 먼지를 보면
지금 네가 어디 있는지 알 것 같다
너는 아직도 움직이고 있다 다만 온기가 없을 뿐이다
날아와 여기 쌓이기 전에 너는
끈적끈적하거나 꺼칠꺼칠했을 것이다
물컹물컹하거나 딱딱했을 것이다
끊임없이 뜨거운 바람을 불어내며
단내와 시큼한 냄새를 풍겼을 것이다
(단내, 아, 그 숨막히는 열기여!)
사람과 사람 사이
베면 피가 나올 것 같은 살가죽 같은 공기를
걸치고 다녔을 것이다
식어버리자 쉽게 흩날리고 말았을 것이다
지금이라도 온기만 있다면
울거나 웃을 수 있을 것 같다
그러나 너는 지금 차갑다
아무리 조심스럽게 숨을 내쉬어도 풀썩거린다

그렇다 너는 없다
없다는 것보다 더 확실한 너의 흔적은 없다

술 취한 사람

K씨 喪家
움직임을 멈춘 한 육체를 위하여
아직도 움직이는 육체들이 모여 있다
절을 하고 눈물을 흘리고
고스톱을 치고 웃고 떠드는 일은
모두 육체의 일
육체를 떠난 사람만이 홀로 조용하다
밤이 깊어지고
술 취한 목소리들이 점점 커질 무렵
과음한 육체들 속에서도 하나둘 사람들이 나온다
알코올에 녹다 만 김치와 콩나물 대가리들
위산에 엉겨붙은 두부와 고기 조각들이 먼저 나오고
이어 밥알보다 많은 말들이
알코올보다 뜨거운 욕지거리들이 나온다
나올 때는 성기처럼 힘이 세시난
성기처럼 황홀하지만
나오고 나면 성기처럼 부끄러운 말들이
똥으로 오줌으로 가던 음식물을 움켜쥐고 나온다
심장처럼 뜨겁고 붉은 용기들이
말의 뿌리에 달려 함께 뽑혀져나온다

말들은 두꺼운 살덩이 깊숙이 박혀 있다가
채 뽑히지 못하고 우두둑우두둑 뜯겨지기도 한다
근육과 옷에 겹겹이 막혀
두려움과 수치에 굳게 갇혀
그 말과 용기들은 얼마나 오랫동안 눌리어온 것일까
얼마나 답답했길래
저렇게 육체를 뒤흔들고 쓰러뜨리고 뒹굴리고
저토록 목청의 떨판을 고래고래 울리는 것일까
뜨겁고도 힘센
그러나 식으면 쪼그라들고 작아지는
육체 속의 사람들

귀

귀 죽어가는 사람의 머리에 달려 있는
귀 우리 몸에서 가장 늦게까지 산다는
귀 식물 인간의 몸에 꽃처럼 피어 있는
귀 아직도 가느다란 생명이 드나들고 있는

저 상태로 벌써 석 달째야
의사는 도대체 뭐래 깨어날 가망이 있대?
아직 확실히 모른대나봐
돌팔이 아냐? 지금이 몇 달짼데 그 잘난 걸 여태껏 몰라?
도대체 뺑소니차는 잡는 거야 못 잡는 거야?
아이구 내 팔자야 내 아들 살려내라 이놈들아
고정하세요 어머니 옆에 다른 환자들도 있잖아요

너무나 평화롭다 이 다정하고 친근한 소음들
다 알 것 같다 누가 누구인지 이 목소리들
죽음의 무게에 눌려 숨소리도 안 들리는 귀를
쿵쿵 두들기며 오는 이 질문 이 대답 이 통곡 이 타이름
아주 먼 곳에서 들려오는 평화로운 노래 같다
옛날 이야기 같다

내 죽음이 보이는 죽음
죽어가는 나를 쳐다보는 사람들이 보이는 죽음
그들이 주고받는 모든 이야기가
다 들리고 다 기억되는 죽음
아무도 눈치채지 못하리라
내가 식물 인간 속에 숨어서
이 모든 이야기를 낱낱이 엿듣고 있다는 것을

안락사에 대해 다투는 모양이다
조용하고 건조하고 논리정연한 목소리는
이내 격렬하게 떠는 목소리에게 잡혀 눌린다
제발 이러지 마세요 어머니
치료비도 생각하고 산 사람들 생각도 해야잖아요
마음대로 해라 정말 네가 애 형이란 말이냐
죽일래면 어디 어서 죽여봐 이눔아
침묵 다시 말싸움과 침묵 울음 한숨 또 침묵

멀지 않아 산소 호흡기가 떼어지리라
활짝 피어 있던 내 귀는 꽃처럼 시들리라

점점 가물가물해지다가 사라질 울부짖음과
한숨 웅성거림 알 수 없는 소음들
……그리고

죽음 내가 죽어가고 있는지도 모르고 죽는
죽음 어디까지가 잠이고 어디부터가 죽음인지 모르는
죽음 식물 같은 너무나 식물 같은

바람 부는 날의 시

바람이 분다
바람에 감전된 나뭇잎들이 온몸을 떨자
나무 가득 쏴아 쏴아아
파도 흐르는 소리가 난다
바람이 부는 곳으로 가보자고
바람의 무늬가 움직이는 대로 따라가보자고
작고 여린 이파리들이
굵고 튼튼한 나뭇가지를 잡아당긴다
실처럼 가는 나뭇잎 줄기에 끌려
아름드리 나무 거대한 기둥이
공손하게 허리를 굽힌다

막힌 차도에서

내가 타고 있던 안양행 버스는
마포 입구부터 느리게 기어가더니
여의도에 오자 완전히 길을 잃고 멈춰버렸다
앞에도 뒤에도 길 잃은 차들 까맸고
그 차들에 가려 어떤 길도 보이지 않았다
어쩌다가 길이 아닌 이곳에 들어오게 되었을까
버스 안마다 역시 길 잃은 사람들 가득했고
어떻게 길을 찾아야 할지
붙박이 의자처럼 무뚝뚝하게
부릉 소리만 내는 버스와 함께 흔들리고 있었다
길을 찾으려고 차 밖으로 나가는 사람들 틈에 끼어
나도 차에서 나왔다 길을 잃은 수많은 사람들
모두 어디로 가려 하나
차 밖에서 길은 더욱 보이지 않았다
뱀의 무늬에 박힌 한 개의 비늘처럼
길게 줄지어가는 사람들 속에 박혀
나도 구불텅구불텅 기었다
어디를 둘러보아도 공기는 모두 살로 변해 있었다
숨을 쉬면 콧구멍으로 살덩이가 들어오는 것만 같았다
살덩이를 안 마시려면 얼굴을 들어 하늘에 대고

물고기들처럼 뻐끔뻐끔거려야 했다
나는 아가미를 한껏 벌름거리며 기도했다 신이여
이 많은 살들을 다시 공기로 만들어주소서
벼락이든 홍수든 내리치셔서
막힌 공기의 혈관을 뚫어 다시 바람이 지나가게 하소서

나 무

대패로 깎아낸 자리마다 무늬가 보인다
희고 밝은 목질 사이를 지나가는
어둡고 딱딱한 나이테들
이 단단한 흔적들은 필시
겨울이 지나갔던 자리이리라
꽃과 잎으로 자유로이 드나들며 숨쉬던
모든 틈과 통로가
일제히 딱딱하게 오므리고
한겨울 추위를 막아내던 자리이리라
두꺼운 껍질도 끝내 견디지 못하고
거칠게 갈라졌던 자리이리라
뿌리가 빨아들인 맑은 자양들은
물관 속에서 호흡과 움직임을 멈추고
나무 밖의 거대한 힘에 귀기울였으리라
추위의 난폭한 힘은 기어코 껍질을 뚫고 들어가
수액 깊이 맵게 스며들었으리라
수액을 찾아 들어왔던 햇빛과 공기들은
그 자리에서 겨우내 얼었다가
독한 향기와 푸르고 진한 빛으로 익어갔으리라
해마다 얼마나 많은 잎과 꽃들이

이 무늬를 거쳐 봄에 이르렀을까
문틈인지도 직각의 모서리인지도 모르고
지느러미처럼 빠르고 날렵한 무늬들은
가구들 위를 흘러다니고 있다

전원교향곡

 베토벤은 제자 리스와 함께 숲길을 산책하고 있었다. 그때 베토벤은 거의 청각을 잃어가고 있었다. 그래도 베토벤은 숲속의 모든 소리에 즐겁게 귀기울이고 있었다. 새소리, 시냇물 소리, 바람 소리…… 베토벤에게 오는 이 모든 소리는 더 이상 그의 귀에 살지 않고 이젠 아주 가는 떨림만 남아 그의 몸 곳곳으로 스며들어가고 있었다. 귀기울일 때마다 실핏줄과 심장과 살가죽과 뼈마디들은 모두 청각이 되어 일제히 떨며 열렸다. 그 떨림 속에서 꽃이 피고 새가 우는 정원이, 비가 내리고 천둥이 치는 들판이 자라고 있었다. 스스로의 힘으로 숲속 가득 울리는 소리를, 나뭇잎 흔들림에서 시냇물 흐름에서 고요하게 일어나는 소리를 온몸이 떨며 열어줄 때마다, 그는 귀가 먹었다는 사실을 잊었다. 오래오래 소리에 귀기울이고 있다가, 소리가 깊어지면 귀찮은 귀를 버리고, 귀에 달라붙은 말과 소음을 버리고, 귀가 한번도 들어본 적이 없는 소리 속으로 한없이 들어갔다. 산책 도중에 어디선가 한가로운 목동의 피리 소리가 들려왔다. 리스가 탄성을 질렀다. 아! 너무…… 너무나, 아름다워요. 선생님, 들리시죠? 베토벤은, 그때, 가슴을 후려치며 불어닥친 폭풍우에 휘말려 온몸으로 그 거대한 힘을 견디어내느라 아무 소리도 들을 수 없었다. 베토벤이 피리 소리를 듣지 못하자 리스는 스승이 완전히 청각을 잃었다는 걸 알았다. 리스가 슬픈 표정으로 스승과 같이 집에 돌아왔을 때 베토벤은 오히려 밝고 활기차게 말했다. 리스야, 이제부터 새로운 음악을 들려주마. 곧이어 베토벤이 건반을 누르자, 귀보다 행복한 곳에서 사는 소리들이, 핏줄을 지나 손가락과 건반을 지나, 일시에 방안 가득 솟구쳐나왔다.

나뭇잎 떨어지다

　나뭇잎에도 무게가 있네. 그 무게에 나뭇잎이 떨어지네. 나뭇잎 무게는 곧장 땅에 떨어지지 않네. 바람과 공기가 떨어지는 무게를 건드려보네. 바람이 자신을 붙들고 마음껏 흔들도록 나뭇잎은 그냥 내버려두네. 후려치고 할퀴는 것을 다만 쳐다보기만 하네. 바람의 힘이 세면 셀수록 그 힘을 타고 나풀거리는 무게의 곡선은 더욱 신이 나네. 그 곡선은 바람의 힘을 넉넉한 부력으로 삼아 바람에 등을 대고 눕네. 단단한 나뭇가지를 꺾는 힘도 나뭇잎을 쫓기만 할 뿐 어찌하지는 못하네. 바람이 힘 빠지면 나뭇잎은 땅으로 살짝 내려오네. 풀잎 위에 누워 쉬면 바람은 다시 잎을 낚아채서 쥐고 흔들어보네. 나뭇잎은 바람의 성깔이 엽맥 속으로 숨구멍 속으로 깊이 스며들도록 놓아두네. 오히려 그 흥분으로 온몸을 파르르 떠네. 나무 밑에는 나뭇잎들이 가득하네. 겨울 나무 밑에는 말라 바삭거리는 소리들이 가득하네.

알

1

아침
알 속으로 빛이 스며든다
보이지 않는 핏줄마다
빛이 가득 채워진다
나뭇잎 줄기처럼 뻗은
희디흰 그물이 드러난다
실핏줄 그물을 따라
눈으로 날개로
빛이 들어간다
아아 눈은 아직 액체여서
떴는지 감았는지 알 수 없다
껍질의 숨구멍 속으로 들어오는
수많은 가는 빛줄기가
물의 눈에도 보일 것 같다
부지런히 숨을 쉬고 있지만
허파도 심장도 아직은 물
두근거리는지 알 수 없다
물로 된 날개
물로 된 새울음 속으로

실핏줄이 날라온
빛 빛
빛이 스며든다

2

희고 둥근 껍질의 하늘 아래
아침에서 저녁으로 해가 가듯
알은 조금씩 조금씩 움직여
어느 곳으론가 가고 있다
핏줄들은 나무처럼
하늘을 향해 곧게 곧게 뻗어
빛과 바람과 대기를 빨아들인다
갑자기
알이 어두워지고
하늘이 기우뚱거린다
둥근 세상이 격렬하게 흔들리고
천둥 소리가 울린다
껍질의 우주 밖
어디선가
날카로운 발톱이 달린

바닥 두꺼운 발들이
뾰족하고 빠른 부리들이
서성거리다가
툭툭 알을 건드려보다가
돌 틈의 다른 은하계로 굴린 것일까
길처럼 길고 흰 핏줄들은
천둥과 폭풍에 맞아 휘어지며
산과 바다로 달리고
눈으로 심장으로 날개로 뻗어간다

날이 개면
둥근 하늘이 더 밝은 빛을 쏟으며 갈라지면
매운 추위는 눈이 되고
포효하던 천둥은 심장이 되고
거친 비바람은 날개가 되리라
깨어진 하늘 밖으로
더 큰 하늘
온 세상의 날개를 펄럭여도
끝이 안 보일 하늘이
눈부시게 나타나리라

교정 보는 여자

 그녀의 눈으로 끊임없이 글자들이 지나간다. 글자들은 책상 위에 휴지통에 바닥에 어지럽게 흩어져 있고 그녀는 종일 빠지고 넘어져 잘못된 글자들을 골라내어 제자리에 앉혀준다. 글자들은 모래알처럼 많고 모래알처럼 딱딱하다. 그녀의 눈 속에 촘촘하게 박힌다. 뜨겁고 눈부신 태양의 조명 아래 모래알 가득한 눈을 끔벅거리며 그녀는 낙타처럼 글자의 사막을 지나간다. 가끔 눈이 너무 아프면 잠시 감아보기도 한다. 글자들은 눈알에 깊이 음각되어, 감은 눈에 더 선명하게 나타난다. 그러면 그녀는 곧 음각된 글자들을 손등으로 꾹꾹 누르고 다시 눈을 열어 글자 속으로 들어간다.

 이윽고 교정지 위로 어둠이 내린다. 그녀는 넓고 두툼한 어둠으로 글자들을 덮는다. 오래 상처가 난 눈을 감는다. 눈물이 가만히 상처들을 만져본다. 상처가 조금씩 소스라치며 씻긴다. 이윽고 글자들은 어둠의 두툼함 속에 묻히고 그녀의 눈은 편안해진다. 그녀는 손바닥에 닿는 어둠을 더듬더듬 만져본다. 오래오래 그 감촉들을 음미해본다. 손가락 끝은 단맛을 모르지요. 향긋한 냄새와 혀끝의 짜릿함도 모르지요. 하지만 낡은 표면의 우툴

두툴한 편안함은 더 잘 안답니다. 허름한 잔등의 온기와 기침 속에서 떨리는 등뼈의 정다운 울림은 더 잘 안답니다.

 말 속에 말들이 있다. 손가락 끝에서 만져졌던 말은 가슴에 와서 작은 누룩 속에 들어 있는 빵처럼 크고 둥글어진다. 눈에서 녹아 가슴에 내린 글자의 상처들을 동그랗게 싸고 부풀어오르는 말의 향기들. 숨쉴 때마다 그녀의 부푼 가슴에서는 빵 굽는 냄새가 난다.

〈해 설〉

텅 빈 무게의 몸

이 광 호

 언젠가 나는, 김기택의 첫 시집을 말하는 자리에서, 그의 시세계를 "투시적 상상력의 힘"으로 명명한 바 있다. 그 명명은 김기택 시의 전체성을 감당하고 있는 것은 아니지만, 그의 시적 특성의 한 모서리를 스치는 것일 것이다. 김기택의 시적 문법은 사물에 대한 섬세한 관찰력을 통해 그 미세한 음영을 드러내면서, 그 안에 내재된 숨은 힘을 포착한다. 그의 시는 환정적인 언어보다는 대상의 세부에 주목하는 묘사 언어에 의존하고 있는데, 그것은 표피적인 묘사를 넘어서 대상의 본질적인 국면을 관통하려는 상상적 언어의 힘을 보여준다. 상상적 언어를 통해 대상의 외부에 대한 정밀한 묘사는 그 내부에 대한 암시적 묘사가 된다. 시인의 투시적 상상력은 일상적인 지각의 범주를 뛰어넘는 대상에 대한 세밀한 관찰을 시도하고, 그 관찰은 그것의 내부에 들끓는 힘을 드러낼 수 있는 데까지 이른다. 시인은 일상의 정적과 권태 안에서도 끊어질 듯 팽팽하게 당겨진 내면적 힘의 자장(磁場)을 본다. 그리하여 세계는 보이지 않는 힘들이 길항하는 공간으로 떠오르고, 정지된 시간의 역동성이 드러난다.

두번째 시집을 통해 그의 '투시적 상상력'은 보다 심화된 양상을 보여준다. 이 시집의 시들은 대체로 하나의 주제 아래 묶여져 있다. 가령 이번 시집의 시들을 '육체의 시학'이라는 범주로 묶는 것은 용이한 일에 속한다. 그는 이 시집의 도처에서 인간과 동물의 육체를 묘사하고 있기 때문이다. 그 묘사는 우선 지극히 세밀하고 차갑다. 그런데 이번 시집에서 김기택의 시에 나타나는 육체에 대한 묘사는, 적어도 표면적으로는, 육체의 관능에 대한 매혹을 동반하거나 육체의 역동적인 생명력에 대한 경외심을 드러내지는 않는다. 그는 비정할 만큼 냉정한 관찰자의 입장에서 육체를 해부한다. 여기에는 육체라는 대상을 바라보는 시적 묘사의 관점이 놓여 있다. 시에서의 묘사는 사물이나 현상이 지닌 성질과 인상을 감각적으로 표현하는 언술의 형식이다. 이른바 서정시의 언술은 환정적인 진술들이 지배적이라는 편견과는 달리 묘사는 시적 인식에 구체성과 힘을 부여하는 중요한 언술 형식이다. 김기택의 시적 묘사는 대단히 섬세하면서 한편으로는 암시적이다.

　해골의 껍데기에 붙어서
　　생글거리고 눈물 흘리고 찡그리며 표정을 만들던 얼굴이여

마음처럼 얇디얇은 얼굴이여
자는 일 없이 생각하는 일 없이 슬퍼하는 일 없이
내 해골은 늘 너를 보고 있네
잠시 동안만 피다 지는 얼굴을
얼굴 뒤로 뻗어 있는
얼굴의 기억이 지워진 뒤에도 한참이나 뻗어 있는 긴 시간을
선글라스만한 구멍 뚫린 크고 검은 눈으로 보고 있네

한참 뒤에 나는 해골을 더듬던 손을 풀었다
순식간에 햇빛은 살로 변하여 내 해골을 덮더니
곧 얼굴이 되었다
오랫동안 없어졌다가 갑자기 뒤집어쓴 얼굴이 어색하여
나는 한동안 눈을 깜박거렸다 겨우 눈동자를 되찾아
서둘러 서류 속의 숫자에 초점을 맞추기 시작했다
——「얼굴」 일부

 이 시는 아주 단순한 장면의 묘사로 이루어져 있다. "눈이 피곤하고 침침하여 두 손으로 잠시 얼굴을 가"린 '나'는 손바닥으로 "해골"을 만지게 된다. 이러한 경험으로부터 시인은 '얼굴'과 '해골'의 관계에 대해 사유하기 시작한다. '얼굴'과 '해골'을 분리해서 생각하는 태도는 시적 태도이기보다는 해부학자의 태도에 가깝다. 하지만 이 시는 해부학적인 문맥 이상을 담고 있다. "표정을 만들던 얼굴"은 "마음처럼 얇디얇은" 것이다. 얼굴은 마음의 반영이다. 우리의 관습적인 눈은 언제나 이

얼굴의 표정만을 본다. 하지만 이 시에서 얼굴은 해골의 껍데기에 지나지 않는다. 얼굴은 "잠시 동안만 피다 지는 얼굴"일 뿐이다. 해골은 "얼굴의 기억이 지워진 뒤에도 한참이나 뻗어 있는 긴 시간"을 산다. 해골은 "내 얼굴이 생기기 전부터 있었음직한 그 튼튼한 폐허"이다. '얼굴/해골'에 대한 상념은 삶의 유한성과 주체의 불확실성에 가 닿아 있다. 얼굴로 대표되는 생의 외피는 유한한 육체의 거죽일 뿐이며, 그 얼굴의 주인이자 육체의 주인인 '나'는 '해골'에 비해 유한한 존재일 수밖에 없다. 어쩌면 해골이야말로 이 육체의 진정한 주인이다. 육체성은 '나'보다 먼저 주어져 있었고, '나'보다 멀리 존재할 것이다. '나'와 '나'의 육체 사이의 단일성과 연속성은 이 시에서 해체된다. 시의 후반부는 이러한 상념으로부터 일상의 자리로 돌아오는 순간을 묘사한다. "서류 속의 숫자"로 암시되는 일상의 공간에서 '얼굴/해골'의 상념은 엉뚱한 생각일 뿐이다. 하지만 일상의 공간으로부터 엉뚱한 상상의 자리로 이탈하는 것, 그래서 삶의 궁극적인 현실을 드러내는 것이 시이다.

김기택의 그 엉뚱한 생각은 다분히 유물론적이다. 그의 시적 관심은 아름다운 자연이나, 인간 내면의 미묘한 감정의 흐름 따위에 있지 않다. 그는 철저히 육체의 현실에 주목한다. 김기택에 있어 육체의 유물론은 그러나 세밀한 검토가 필요하다. 넓은 의미의 유물론은, 존재하는 것이 그것을 근거지어주는 정신적인 것에 의해서가 아니라 그 물질성에 의해서 규정된다는 것이다. 그런데 김기택의 유물론은 세계가 완결된 물질적 인과 관계로 설명되는 기계적 유물론이나, 마르크스류의 변증법적 혹은 역사적 유물론과는 다르다. 그의 육체의 유물론은 인간과 생명이 자기의 물질적인 조건의 산물이며, 인간의 사고 역시 육체적인 현상이라는 생물학적 혹은 인간학적 유물론에 가깝다. 아니 그것은 인간주의적 인식의 허위를 벗겨내고 있다는 측면에서 탈인간주의적 유물론으로 설명될 수도 있다. 그렇다고 하더라도 이러한 인간학적 혹은 탈인간주의적 유물론의 제창을 그의 시가 의도하고 있는 것은 아니다. 그의 시가 겨냥하고 있는 것은 생명의 현실에 대한 첨예한 시적 인식이다.

> 심장이며 허파며 내장들이 하나도 남지 않은 상체는 썰렁하고
> 그 모든 것들이 쌓인 다리는 무겁다
> 그 무게에 의지하여 나는 걷는다
> 걸음이란 발이 어느 곳을 향해 가는 행위가 아니라
> 단지 한 발이 밀어올린 몸뚱이가 앞으로 쓰러지지 않도록
> 다른 발이 얼른 와서 받쳐주는 것
> 또 다른 발이 이어서 다시 받쳐주는 것
> 가는 곳을 모른 채 걸음은 그치지 않고 간다
> 텅 빈 이 커다란 무게를 지고
> ──「실직자」일부

실직자인 '나'는 한 순간 "툭, 몸 안에서 무엇이 끊어지는 것" "철버덕,/그 덩어리 하나가/장화 같은 하체 속으로 떨어지는 소리가 들"리는 것을 경험한다. 그것은

실직의 경험이다. 시인은 실직의 정신적인 경험을 육체적인 경험으로 묘사한다. 이 시에서 실직은 정신적인 혹은 사회적인 사건이 아니라 육체적인 사건이다. 그 육체적인 사건은 물론 상상적인 혹은 주관적인 묘사로 그려진다. 그 묘사를 통해 이 시에 등장하는 실직자는 이제 그의 육체의 주인이 아니다. "걸음이란 발이 어느 곳을 향해 가는 행위가 아니라/단지 한 발이 밀어올린 몸뚱이가 앞으로 쓰러지지 않도록/다른 발이 얼른 와서 받쳐주는 것"이라고 말할 때, 걷고 있는 것은 그가 아니라 그의 육체의 물질성이다. 그래서 "텅 빈 이 커다란 무게를 지고" 가는 육체의 걸음은 방향성이 없다.

> 앞에서 바람이 불면
> 살갗은 갈비뼈 사이 앙상한 틈을 더 깊이 후벼판다.
> 뒤에서 바람이 불면
> 푹 꺼진 배는 갑자기 둥글게 부풀어오른다.
> 가는 뼈의 깃대를 붙잡고 나부끼는
> 검은 살갗.
>
> 아이는 모래 위에 뒹구는 그릇을 내려다보고 있다.
> 가는 막대기팔과 다리로 위태롭게 떠받친 머리통처럼
> 크고 둥근,
> 굶주릴수록 악착같이 질겨지는 위장처럼
> 텅 빈,
> 그릇 하나.　　——「사진 속의 한 아프리카 아이 1」전문

기아의 상황은 보다 분명한 육체적인 사건이다. 시인은 사진 속의 한 아프리카 아이의 모습을 묘사한다. 그 묘사는 살갗을 "가는 뼈의 깃대를 붙잡고 나부끼는/검은 살갗"이라고 표현할 만큼 끔찍하다. 그 끔찍한 아이의 육체에 대한 묘사가 의미하는 바는 무엇일까? 두번째 연의 묘사는 더욱 암시적이다. 사진 속에서 "모래 위에 뒹구는 그릇"의 모양은 "가는 막대기팔과 다리로 위태롭게 떠받친" "크고 둥근" "머리통"에 비유된다. 이 비유는 두 사물들의 시각적인 유사성에 의해 성립된 것이다. 그런데 텅 빈 그릇을 "굶주릴수록 악착같이 질겨지는 위장"으로 표현한 두번째 비유는 보다 많은 의미를 내포한다. 기아에 허덕이는 아프리카 아이의 앙상한 육체를 통해 시인이 본 것은 인간의 몸이 "텅 빈 그릇"에 지나지 않는다는 인식이다. 그가 「한 명의 육체를 위하여」라는 시에서 육체를 "얇은 가죽으로 막아놓은 60킬로그램의 비린내"라고 묘사할 때, 인간의 육체와 텅 빈 외계를 구분짓는 것은 얇은 가죽에 불과하다. 인간의 육체가 단지 위태로운 '텅 빈 그릇'에 지나지 않는다는 인식은 그의 시의 한 특장인 동물 묘사에 있어서도 나타난다.

> 몸무게가 되기 위하여 물이 살 속으로 들어온다
> 살과 뼈와 핏줄 사이 가볍고 푹신한 빈틈들을
> 힘센 무게들이 빽빽하게 채워버린다
> 차에 매달아 한 시간이나 끌고 다니며 만든
> 갈증 속으로 물은 끊임없이 들어오고 있다
> 음매에 슬픈 울음 속 떨림의 사이사이

깊고 가는 빈틈으로 물이 채워진다
이윽고 울음에서 떨림이 없어지고
헉헉거리며 울음에서 공기가 모두 빠져나가고
목구멍을 틀어막은 완강한 힘이 울음을 채운다
울음은 이제 형식적으로 입만 크게 벌리고 있다
　　　　　　　　　　　　——「소 2」 일부

  김기택의 시의 동물은 생명의 근원적인 힘을 간직한 원초적인 이미지이다. 하지만 이 시에서 소는 생명의 힘을 보여주기보다는 죽음의 징후를 드러내고 있다. 이 시는 물먹인 소에 관한 묘사를 담고 있다. 살 속으로 들어오는 물은 소의 육체에 숨어 있던 빈틈을 채워버린다. 그것은 소의 죽음의 순간을 당기고 있다. 그런데 이 시가 의도하는 바는 소에게 물을 먹이고 소를 죽이는 도살 행위에 대한 도덕적인 비판이 아니다. 우선 우리는 이 시에 등장하는 동사들의 주어에 주목할 필요가 있다. 시인은 이 시의 동사들의 주체를 도살자나 소로 설정하지 않는다. 가령 소에게 물을 먹이는 행위, 혹 소가 물을 먹는 행위는 "몸무게가 되기 위해 물이 살 속으로 들어온다"라고 표현한다. 그리고 물의 무차별한 유입으로 소의 울음이 막혀버리는 상황 역시 "울음은 이제 형식적으로 입만 크게 벌리고 있다"라고 표현된다. 소는 자신의 육체와 자신의 울음의 주인일 수 없다. 중요한 것은 소가 마주한 끔찍한 육체의 현실, 그 자체이다. 소의 육체가 공기로 채워져 있다는 인식은 「소 3」에서도 나온다. "저 쇠가죽 부대 속에 한때는/풍선 같은 바람이 들어 있었다네"라고 표현한 뒤, "백정이 칼을 들어 한가운데를 가르자/흔적도 없이 빠져나갔다네/바람 빠진 가죽부대 털레털레 실려가고"라고 묘사된다. 그러니까 소의 가득 찬 육체는 텅 비어 있다. 김기택의 시에서 육체는 비어 있는 어떤 것이다.

>온몸이 하나의 소리가 되어
>유리창을 치받고 전구를 맴돌던
>내 신문지 몽둥이를 잘도 피하던 힘이
>한 덩어리 크고 딱딱한 추위에 갇혀
>겨우내 꼼짝없이 붙어 있었구나
>바람이 파리 몸통을 지나가며
>몸 속의 물기 몇 알갱이 성에로 만들어놓으니
>고체 같던 추위가 풀려 공기가 되어도
>파리는 더 이상 움직일 줄 모르는구나
>
>파리의 형태로 아슬아슬하게 붙어 있는 티끌들을
>이제 공기가 하나하나 떼어내리라
>파리는 없어지고 파리였던 것들만 남아
>1cm^3 속에 들어 있는 6,000,000개의 먼지 속으로
>흩어져 날아다니게 되리라   ——「파리」일부

'파리'는 얼어죽어 있다. 죽은 '파리'의 육체는 육체의 위태로운 유한성을 강렬하게 부각시킨다. 살아 있는 동안 맹렬한 생명의 힘을 보여주던 파리의 육체는 이제 박제의 상태가 되어 있다. 그것은 일종의 파리의

미라이다. 그것은 파리라기보다는 "파리의 형태로 아슬아슬하게 붙어 있는 티끌"이다. 남은 파리의 육체는 파리라는 형태의 잔해일 뿐이다. 그 잔해에서 시인은 육체의 가득참과 텅 빔, 생명의 약동과 정지 사이의 흐릿한 경계를 본다. 가득차 있던 육체는 사실 티끌들의 위태로운 조합에 지나지 않고, 그것들은 다시 공기 속으로 공중 분해될 운명을 품고 있다. 시인이 또 다른 시 「천년 동안의 죽음」에서 인간의 미라를 보고 "천년 이상을 죽어 있었던 그 육체는/이제는 시체가 아니라 폐허처럼 보인다/살은 거의 썩지 않았으며 다만/고대 신전의 돌기둥처럼 닳거나 부서져 있을 뿐이다"라고 묘사한다. 삶의 유한성을 극복하려는 인간의 욕망이 만들어낸 미라는 역설적으로 삶의 위태로움과 유한성의 상징이 된다. 생은 유한한 반면, 죽음은 천년을 살아낸 것이다.

필사적으로 바람을 견디다가 찢어진 비닐 조각처럼, 떨어져 덜컹거리는 문짝처럼, 망가지고 허술해진, 바람을 더 견디기엔 불안한 몸뚱어리를 그는 조심스럽게 침대 위에 눕힌다. 조금이라도 호흡이 거칠어지거나 불규칙하면 몸 속에서 쉬고 있는 폭풍이 꿈틀거린다. 숨이 바늘구멍을 무사하게 통과하게 하느라 그는 아슬아슬 호오호오 숨을 고른다. 불손했고 반항적이었던 생각들과 뜨겁고 거침없었던 감정들로 폭풍에 맞서온 몸은 폭풍을 막기에는 이젠 너무 가볍고 가냘프다. 고요한 마음, 꿈 없고 생각 없는 잠이 되려고 그는 더 웅크린다.   ──「바늘구멍 속의 폭풍」 일부

이 시 역시 위태로운 육체에 대한 묘사를 담고 있다. "너무 오랫동안 사용해서" "낡고 닳아" 버린 그의 육체는 숨을 쉬는 것도 간단하지 않다. 몸의 위태로움은 그의 몸 속에 있는 '폭풍'의 존재로 환기된다. 그 '폭풍'은 잠자는 그의 육체에서 나오는 소리에 대한 비유이지만, 그것은 그의 육체 안에 깃들여 있는 광포한 힘과 그에 대한 불안과 공포의 상징이다. 그의 육체는 그 안의 폭풍을 견뎌내기 힘들 만큼 위태롭다. 그에게 숨을 고르는 것은 이 폭풍의 꿈틀거림을 간신히 다독거리는 것이다. 그 폭풍의 내재적인 폭발력에 비할 때, 그의 몸은 "너무 가볍고 가냘프다." 그러니까 김기택 시에서 육체의 틈, 그 텅 빈 자리는 육체 안에 내재한 불길한 폭풍이 살고 있는 공간이다. 우리는 그 폭풍을 죽음의 계기 혹은 죽음의 징후라고 읽을 수 있다. 내재된 폭풍을 감당할 수 없는 육체는 그 안에 죽음을 품고 있다.

　인간의 육체에 대한 김기택의 인식은 주체의 자명성의 신화를 깨뜨린다. 그의 시에서 행위의 주체자들은 자신의 육체를 통제할 수 있는 정신과 의지를 가진 '나'가 아니다. 그의 시에 나타나는 행위자들은 철저히 익명화·사물화되어 있고, 신체의 각 부위로 분열되어 있다. '나'와 '나'의 육체 사이의 일체성과 연속성은 그의 시에서 산산이 부서지고 만다. 그것은 '인간학적 잠'에 묻혀 있는 우리들을 들쑤신다. 인간의 이성이 세계의 주체고 중심이라는 자명해 보이는 인식은, 푸코식으로 말하면 18세기말에야 나온 '이상한 관점'에 불과하다. 그러니까 김기택의 시에서 주체의 안으로부터의 사고는 '밖으로부터의 사고'에 의해 뒤집혀진다. 그에게 육체에 대한 인식은 이러한 주체의 자명성에 대한 비판의 거점이다. 그 비판은 그 주체의 자명성이 건설한 세계 전체에 대한 비판을 담고 있는 것이기도 하다. 가득찬 세계는 사실은 텅 빈 세계라는 인식 역시 여기에 닿아 있다. '가득참/텅 빔'의 관계에 대한 시적 인식은 이 시집에서 '소리'를 주제로 한 시편들을 탄생시킨다.

> 한밤중. 책상에는 책상이 움직이는 소리가 있다. 책 속에는 책이, 옷 속에는 옷이, 살 속에는 살이 움직이는 소리가 있다. 거기 먼지들이 살고 있기 때문이다. 먼지들은 각각의 소리를 내다가 서랍의 나무 속에서, 책의 종이 속에서, 옷의 실오라기 속에서, 살갗이 부서진 비듬 속에서 떨어져나와 공기의 현으로 옮겨앉는다. 공기의 현과 먼지들이 비벼대는 소리가 공기의 틈마다 가득 울리며 나온다. 간혹 내가 움직이거나 거친 숨을 쉬면 공기의 현들은 일제히 끊어지고 현에서 떨어진 먼지들은 파동을 일으키며 밀려나가 한 떼의 소음이 된다. 소음은 책상의 소리를 가리고, 책과 종이의 소리, 옷과 실의 소리, 살과 비듬의 소리를 막아버린다. 소음이 느릿느릿 흩어지고 공기의 현이 겨우 이어지면 먼지들은 가만가만 그 위로 옮겨앉아 다시 소리를 낸다.
>   ——「먼지의 음악」 일부

김기택에 있어 '소리'의 주제는 공간의 '가득참/텅 빔'의 변증법에 관련되어 있다. 위의 인용 부분은 한밤

중의 침묵의 공간에 대한 묘사를 담고 있다. 침묵의 공간은 이 시에서는 소음으로 가득하다. 그 소음의 주인은 먼지들이다. 소음은 "공기의 현과 먼지들이 비벼대는 소리"이다. 먼지의 소리는 사실 우리 귀에 들리지 않는다. 김기택에 있어 소리는 다분히 공간적인 개념이다. 그는 소리를 시각적으로 묘사한다. 김기택 시의 공간화된 소리들은 공간의 가득참과 텅 빔의 상관성을 표현해준다. 이러한 소리의 공간화 속에서 침묵의 공간은 소리들의 입자로 가득차 있는 것이다. 그는 「고요하다는 것」이라는 시에서 "고요하다는 것은 가득차 있다는 것입니다/만일 이 고요를 현미경으로 들여다볼 수 있다면/당신은 곧 수많은 작은 소리 세포들을 발견하게 될 것입니다"라고 쓴다. 그런데 소리의 가득참과 텅 빔에 대한 김기택 시의 발상은 소리가 지배하는 일상의 공간에 대한 부정적 인식을 담고 있다.

> 아무리 목청을 다해 울어도 소리없는 저 단단한 돌멩이가
> 헤드폰처럼 내 두 귀를 굳게 막아주는 한
> 나는 아무 소리도 듣지 못할 테니까.
> 만취하여 고래고래 돼지 멱따는 노래를 불러도
> 지나가는 사람들에게 욕을 하고 시비를 걸어도
> 아무에게도 들리지 않을 테니까.
> 이 튼튼하고 편리한 습관은 아늑하기까지 하다.
> 마치 꿈속에서 걷고 있는 것처럼.
> ——「고요한 너무나도 고요한」 일부

한밤중 침묵의 공간에서 '먼지의 음악'을 보았던 시인은, 이제 소음으로 가득찬 공간에서 '적막'을 본다. 그 복잡한 거리에서 한 아이가 울고 있다. 하지만 아이의 울음 소리는 거리에는 전혀 들리지 않는다. "거리는 너무도 적막하였다." 그 낯익은 적막함은 "튼튼하고 편리한 습관"과도 같다. 현실적으로 아이의 울음 소리가 들리지 않는 것은 거리의 소음 때문이다. 소음으로 가득찬 공간은 오히려 그 가득참 때문에 어떤 소리도 들을 수 없는 적막한 공간이다. "빽빽한 이 소리들이/바로 고요의 정체라는 것"은 소리에 대한 김기택 시의 한 중요한 관점이다. 그런데 우리는 이 시의 상황이 일상적인 거리의 공간이라는 것에 주목할 필요가 있다. 그 공간에서 우리는 일상의 습관화된 지각에 길들여져 있다. 그 습관화된 지각은 습관화된 의식을 동반한다. 도시의 혼잡한 소음 속에서 고요를 발견하는 이 시의 화자는 이 일상적 공간의 한 비밀을 간파한 것이다. 도시의 소음들은 존재의 불안과 공포를 가려주는 것이다. 그 소음의 공간 속에서 인간은 고요가 주는 불안과 공포를 잊고 살아간다. 그것은 일종의 환각이다. 시인은 그 환각의 삶을 집요하게 들추어낸다.

> 혀와 위장이 잠시 속고 있는 것은 아닐까
> 수많은 죽음을 품어 아름다워지고 풍요해진 산처럼
> 한몸 속에 삶과 죽음을 섞어놓으려고
> 서로 한 곳에서 살며 화해하게 하려고
> 혀와 위장을 맛의 환각에 홀리게 한 건 아닐까

지글지글 타고 있는 것이 고기이건 시체이건
돼지갈비, 그 환각의 맛과 냄새에서
잠시도 벗어날 수 없는 먹자골목
　　　　　　　——「먹자골목을 지나며」 일부

 이 시의 화자는 '먹자골목'을 지나는 경험에 대해 묘사하고 있다. 골목은 식욕을 자극하는 냄새로 가득하다. 그 냄새 때문에 육체는 반사적으로 '침과 위산'을 분비한다. 하지만 이 시의 화자는 그 냄새가 죽음의 냄새라는 생각을 떨치지 못한다. 돼지갈비 굽는 냄새는 돼지 시체가 타는 냄새에 지나지 않는다. 거기에는 죽음이 배어 있고, 그 죽음은 "오랫동안 떨던 불안과/일순간에 지나온 극도의 공포가" 있었을 것이다. 그러나 냄새는 그 죽음의 그림자를 은폐한다. 냄새는 육체를 속이고 있다. 우리들의 삶이 시체 타는 냄새의 환각에 취하는 먹자골목 안에 있다는 인식은 섬뜩하다. 일상의 관습적인 인식 속에서 우리는 삶의 빈틈에서 서식하는 죽음의 계기들을 보지 못한다. 죽음의 계기들을 보지 못하는 것은, 삶이 가득차 있고 '나'라는 주체의 자명성이 의심할 바 없다는 환각 때문이다. 김기택의 시는 그 환각을 뒤집는다.

순식간에 구석구석으로 달아나 숨을
그러나 어느 구석에서든 천연덕스러운 꼬리가 보일
틈! 틈, 틈, 틈, 틈틈틈틈……
어떤 철벽이라도 비집고 들어가 사는 이 틈의 정체는
사실은 한 줄기 가냘픈 허공이다

하릴없이 구름이나 풀잎의 등을 밀어주던
나약한 힘이다
이 힘이 어디에든 스미듯 들어가면
튼튼한 것들은 모두 금이 간다 갈라진다 무너진다
튼튼한 것들은 결국 없어지고
가냘프고 나약한 허공만 끝끝내 남는다

———「틈」 일부

  튼튼함과 확실성의 가치에 의해 건설된 삶은 많은 '틈'을 내재하고 있다. 그 틈의 "느리고 질긴 힘"은 어떤 튼튼한 건축물에도 "속속들이 뻗어 있다." 도시는 그 '틈'을 "화려한 타일과 벽지로" 덮으려 하지만 그 틈은 "어떤 철벽이라도 비집고 들어가 사는" 가공할 힘이다. 그런데 그 틈이란 "사실 한 줄기 가냘픈 허공"이다. 허공의 그 "나약한 힘"이 튼튼한 도시를 붕괴시키는 힘의 근원이다. 도시는 가득찬 것이면 동시에 텅 비어 있고, 언제 무너져내릴지 모르는 위태로운 것이다. 도시는 허공으로 이루어진, 허공으로 돌아갈 도시이다. 이 시에 이르면 "텅 빈 무게"로서의 육체에 대한 사유는 문명 전체의 '텅 빔'에 대한 인식으로 확대되어 있다. 가득찬 문명의 몸은 허공으로 채워져 있다. 그러니까 육체의 그 허망한 위태로움은 문명의 위태로움과 상동의 관계에 있다.

  가득찬 존재 안에 들어 있는 텅 빔에 대한 김기택 시의 인식은, 삶 안에 꿈틀거리고 있는 죽음의 계기에 대한 인식과 맞닿아 있다. 우리 시대의 가득찬 삶은 적막한 죽음을 이미 그 안에 품고 있다. 그러니까 김기택에게 있어 육체에 대한 인식은 삶의 혼돈과 역설에 대한 인식이다. 시인에게 신체에 대한 자기 의식은 모순과 역설의 자리에 설 수밖에 없다. 육체의 현실에 대한 집요한 시적 묘사를 통해 그의 시가 보여주는 것은 '현대성'이라 불리는 시대의 경험의 모순과 대면하는 정신이다. 그 정신은 우리들의 습관적인 인식과 지각을 뒤집는 깨달음의 순간을 제공한다. 그 깨달음은 우리가 사는 일상적 공간의 실체성에 대한 자명한 의식을 뒤흔드는 것이다. 그것을 통해 우리는 지금 눈에 보이는 세계의 외관 뒤의 텅 빈 죽음의 틈을 보게 된다. 그 틈은 삶의 허위로부터 우리의 잠든 의식을 난타한다. 그의 시가 삶의 혼돈과 위태로움에 대한 서늘한 반성의 계기를 만드는 것은 이러한 문맥에서이다.

그런데 김기택 시가 우리에게 주는 감동은 깨달음의 계몽성에 있기보다는, 존재의 배후를 파헤치는 지각의 갱신에서 비롯된다. 그 지각의 갱신은 삶과 죽음이 맞물린 세계의 혼돈과 모순을 꿰뚫는 시적 인식의 예각성을 보여준다. 우리는 거기에서 표현의 즉물성과 삶의 허무에 대한 자각만을 보는 것이 아니라, 생명의 현실에 대한 투철한 인식을 본다. 그것은 역설적으로 생명의 열린 가능성에 대한 표현이다. 그의 시에서 소멸에 대한 예감은 신생에 대한 예감과 맞닿아 있다.

신체적 자기 의식의 모순을 언어화하려는 것은 일종의 모험이다. 그 모험은 신체적 지각의 생생함을 표현하기 위해 언어를 버리는 것이 아니라, 언어가 그 지각에

다다를 수 있는 접점, 그 신생의 언어를 집요하게 탐색한다. 뛰어난 감각의 깊이를 보여주는 김기택의 시는 이번 시집에서 우리 시대의 삶에 대한 보다 구체적이고 명료한 시적 인식에 육박한다. 이런 맥락에서 그는 90년대 우리 시의 중요한 징후이자 가능성이 되고 있다. 하지만 김기택의 생생한 감각적인 이미지들을 논리화해서 그 측량할 수 없는 생동감을 발라내버린 이 앙상한 시읽기의 범죄는 어떻게 용서될 것인가? 시의 육체성은 시의 의미보다 먼저 주어져 있고, 그것보다 멀리 그 물질성의 시간을 산다. 용서를 빌기 위해 나는, 아니 내 어두운 눈은, 다시 김기택을 읽을 것이다.